小学综合实践活动的设计与实施

张琴琴　编著

文汇出版社

序

　　"让学生创造着长大，发展每一个学生的核心素养。"小学阶段，开展综合实践活动课程是全面落实素养导向、培养学生创新精神和实践能力、促进学生全面发展的有效途径。

　　2017年，教育部印发《中小学综合实践活动课程指导纲要》通知，要求加强中小学综合实践活动课程管理。2022年，《义务教育课程方案》规定综合实践活动课程属于国家课程，再次明确其重要定位。

　　然而，目前我国小学综合实践活动课程的实施仍存在课程认同度有待提高、教学资源开发不足、课程评价体系缺失等问题。对此，上海市浦东新区惠南小学着眼于对学校历史文脉的传承与当今时代对人才的需求，在校长张琴琴的带领下，坚持开展关于小学综合实践活动课程的探索，为教育同僚提供了宝贵的实践经验。

　　惠南小学坐落于美丽的南汇，是一所文化积淀渊源深厚，拥有悠久历史的百年老校。学校先后培养出了第十一届毕业生、曾任中共中央总书记张闻天，原交通部副部长潘琪、民建中央常委王艮仲、前任上海市市长杨雄等杰出校友为代表的众多优秀学子。基于浓郁的历史底蕴和丰硕的人文资源，学校在坚持做好文化育人的同时，以新课标指导思想为依据，构建了基于核心素养的小学综合实践活动课程设计与实施模式，并以此为抓手，打造基于百年校史文化和区域特色的课程品牌。

　　《小学综合实践活动的设计与实施》一书便是学校多年来实践的智慧结晶。该书详细记录了张琴琴校长及其教师团队推进学校综合实践活动课程实

小学综合实践活动的
设计与实施 xiaoxue zonghe shijian huodong
de sheji yu shishi

施的具体路径，系统梳理了各类主题的校本化课程实施方案、活动设计及活动案例。课程内容充分结合学生的年龄特点和发展需求，采用文学创作、艺术表演、实地寻访等多样化方式，激发学生的创新意识；通过自我评价、小组合作、成果展示等，提升学生的信息处理能力、动手操作能力以及团队协作能力。这套综合实践活动课程不仅贴近学生的生活实际，寓教于乐，还能激发学生的活动兴趣和学习动力，真正帮助学生培养面向未来的能力和素养，使他们成为社会中有价值的人才。

惠南小学的实践成果丰富多彩，令我大受启发，也倍感鼓舞。阅读此书，我可以感受到学校坚持以人为本、明确育人导向的决心，可以感受到全体教职工渗透在校园生活方方面面对学生的关怀。一堂堂灵动的综合实践活动课程之下，蕴藏着教育工作者最纯粹的热爱。正是得益于这样的校园氛围，学生才能在不同的情境中进行自主探究、合作学习、实践体验。每位学生都是"研究者"，他们的"灵性、灵感、灵动"应运而生。在实践与拓展之间，在体悟与延伸之间，学生的思维活力不断迸发，核心素养不断提升。

相信各位读者在读完此书后，也会同我一样，深有感触，并对如何开展小学综合实践活动课程、提升学生核心素养产生新的思考与感悟。

希望在张琴琴校长的带领下，惠南小学能在此基础上，持续优化综合实践活动课程的设计和实施，继续推进教学实践，深化学生对自我、对社会、对自然的认知和体验，努力培养"有理想、有本领、有担当"的时代新人，让每一个学生都能"慧声绘色"向未来！

2024 年 3 月

目　录

序　　　*1*

第一部分　"慧生绘色"综合实践活动课程的开发与实施　　　　　　　　　　　　　*1*

第二部分　**实施方案**

　　"慧谷农场"综合实践活动课程校本化实施方案　　　　　　　　　　　*24*

　　"中国传统文化之二十四节气"综合实践活动课程校本化

　　实施方案　　　　　　　　　　　　　　　　　　　　　　　　　　　*32*

　　"走近闻天"综合实践活动课程校本化实施方案　　　　　　　　　　　*39*

　　"15 分钟幸福圈"综合实践活动课程校本化实施方案　　　　　　　　　*49*

　　"足球嘉年华"综合实践活动校本化实施方案　　　　　　　　　　　　*59*

　　"幼小衔接"综合实践活动课程校本化实施方案　　　　　　　　　　　*66*

　　"毕业季"综合实践活动课程校本化实施方案　　　　　　　　　　　　*71*

第三部分　**活动设计**

　　"好事'花生'"综合实践活动设计　　　　　　　　　　　　　　　　*78*

　　"二十四节气之春分"综合实践活动设计　　　　　　　　　　　　　　*87*

　　"走近闻天"综合实践活动设计　　　　　　　　　　　　　　　　　　*93*

　　"中国幸福年"综合实践活动设计　　　　　　　　　　　　　　　　　*100*

"揭秘8424"综合实践活动设计 106

"传统文化之二十四节气"综合实践活动设计 113

"Hui 美校园，我 Hui 添彩"综合实践活动设计 123

"我与蔬菜共成长"综合实践活动设计 133

"惠乐足球展风采"——足球嘉年华综合实践活动设计 139

"我是小学生啦"幼小衔接综合实践活动设计 144

"跟着课文去旅行"综合实践活动设计 151

"我爱小学"——幼小衔接综合实践活动设计 159

"毕业季"综合实践活动设计 164

第四部分 活动案例

"葱葱"茏茏——小学综合实践活动案例 172

能说会"稻"——小学综合实践活动案例 179

毕业季寻访——小学综合实践活动案例 187

红色之旅——小学综合实践活动案例 195

打卡幸福圈——小学综合实践活动案例 201

感恩、成长、展望——小学综合实践活动案例 206

足球嘉年华——小学综合实践活动案例 210

金色麦穗——小学综合实践活动案例 216

我和春蚕有个约会——小学综合实践活动案例 221

我是小学生——小学综合实践活动案例 228

小豆芽成长记——小学综合实践活动案例 234

Hui 美校园，我 Hui 添彩——小学综合实践活动案例 239

后 记 244

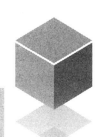

第一部分

"慧生绘色"综合实践活动课程的开发与实施

01

"慧生绘色"综合实践活动课程的开发与实施

浦东新区惠南小学　张琴琴

一、研究背景

（一）紧跟时代发展，适应学校五育并举的要求

"五育并举"，即在现代化的教育中通过重视并实施德育、智育、体育、美育、劳动教育，促进人的全面发展。它既是现代化国家对人的素质的综合要求，也是现代化教育要达到的目标。浦东新区惠南小学的办学目标是惠人惠己，成人成才。"慧生绘色"综合实践活动课程紧密结合办学目标，以"素质教育"为出发点，通过课程开发与实施，使学生形成良好的品质和素质，从而更充分地发挥自身潜能，形成关键能力。我校将"五育"与小学综合实践活动相融合，可以在发挥育人功能的基础上，协助学生形成良好的三观，从而保证学生的核心素养得到明显提高，满足社会对综合性人才的需求。

（二）落实课程改革，适应小学综合实践活动要求

《义务教育课程方案和课程标准（2022）年版》进一步细化了综合实践活动课程实施要求，提出了跨学科主题学习活动的概念，为综合实践活动课程实施指明了方向。新课程方案倡导的学习方式是通过跨学科综合实践的方式学习。综合实践活动课程的发展进入了新时期，从学科探究进一步走向学科实践，侧重跨学科研究性学习和社会实践。

在新时期视域下，我校紧密结合新课程和新方案的理念与精神，根据综合实践活动课程的目标，基于学生发展的实际需求，设计活动主题和具体内容，选择相应的活动方式开展实践活动，强调过程、体验、实践，从而挖掘学生的潜能。

（三）契合多元融入，适应新时代人才培养的需求

在各类丰富的综合实践活动中，根据学生的自身发展需求，发挥课程的综合优势，使学生在体验中不断学习，获取知识与各类技能，逐渐提升学生的观察力、创造力、实践力及沟通表达能力等，促进培养自主的探究意识与创新思维，提升社会责任感，实现个性化成长。在循序渐进中，拓展学生思维的广度与深度，使之逐步形成高阶思维，提高多元能力。这些多元能力的培养对提升小学生综合素质有着积极的影响。

（四）研究理论与实践价值

1. 理论意义

（1）深化综合及实践的价值

我校在素养导向的背景下，在综合实践活动的开发与实施过程中，注重培养学生的正确价值观、必备品格和关键能力。本课程旨在引导学生在多样式、多类别、有意义的基于真实情境的活动中，结合丰富的教学资源，努力探索与体验，培养学生科学探究、实践创新、团结合作、责任担当、人文传承等核心素养。最终，让学生在形成和完善自己的人生观和世界观的同时，满足生命的成长需要和认识自我、发展自我的需要。

（2）深化创新意识和关键能力的价值

基于《中小学综合实践活动课程纲要》的指导要求，鼓励学生主动参与实践过程，体验并践行价值、信念。学生在"慧生绘色"综合实践活动中，自主探究问题，发现问题，解决问题，逐渐形成关键能力。教师要引导学生建立正确的三观，还要在创造活动中强化创新意识，提高学生的创新思维，鼓励学生在实践中尝试不同的方法和技术，帮助他们不断反思，整合相关技能，使得学生的创新能力得到不断提升。

2. 实践意义

（1）对学生的价值

学习是情境化的。综合实践活动是一门实践性课程，学生置身于真实的自然、社会、自我的情境中，去发现和解决问题，学习和探究的主题在真实

的问题情境中获得，探究的问题由学生自主发现并提出。学生始终处于学习的主体地位，能够真切地体会和感悟到学习、实践的意义所在，提高自己的创新精神、实践能力和终身学习的能力。

（2）对教师的价值

本课程对提高教师的课程开发和实施能力有促进作用，可以推动教师多元化发展。教师进行课堂实践、社会实践活动、撰写综合活动设计与教学案例，并对活动的实施进行反思。在这一系列教学环节中，教师不仅在开发与实施活动中积累了综合实践活动的教育教学经历，还能显著提高综合实践活动课程的研究能力。

（3）对学校的价值

学校坚持全面发展，育人为本，聚焦核心素养，统筹设计、实施，运用跨学科课程内容的融合，加强课程综合，拓展学科关联。在育人过程中高度重视学生的个体差异性，尊重学生的发展，为学生的个性发展和差异化发展提供了必要的教学支持。本课程既丰富了学校课程资源，也推进了学校课程建设。

二、研究概况

（一）概念界定

"慧生绘色"的内涵是以学生为本，以满足学生的需求为出发点，尊重学生的个性和特点，充分激发学生的积极性和创造性，在小学阶段全面开展多样化的、丰富多彩的综合实践活动。

"慧生绘色"综合实践活动是浦东新区惠南小学立足时代要求，紧扣"五育并举"的理念，立体架构与设计的综合实践课程。以团队协作、家校社合力共育、社会实践、自主探究和科技创新等多种形式，使学生形成关键能力，提高学生的核心素养。

（二）研究目标

1. 通过"慧生绘色"综合实践活动课程的开发与实施研究，阐明小学综合实践活动课程与实施的含义和基本特征，概括其开发与实施的目标、内容、途径、形式和实施的策略。

2. 结合本校的传统与优势，结合学生的兴趣和需要，通过"慧生绘色"综合实践活动课程的实施，通过记录、分析、探究、交流及师生合作、生生合作等形式，逐步提高学生的核心素养及综合实践能力。

（三）研究内容

1. 制定"慧生绘色"综合实践活动的课程目标；
2. 确定"慧生绘色"综合实践活动的课程内容；
3. 明确"慧生绘色"综合实践活动课程实施的方法与途径；
4. 设计"慧生绘色"综合实践活动课程的评价体系。

（四）研究方法

1. 文献研究法。搜集、鉴别、整理文献，通过对文献的研究形成对事实的科学认识的方法。通过查阅文献来获得资料，从而全面地、正确地了解掌握所要研究的问题。

2. 案例研究法。结合教育教学实际，在实际的综合实践活动开发与实施研究环节中，通过现象与效果等，对个体的发展进行跟踪调查，及时改进研究措施。

3. 行动研究法。基本程序是：计划—实施—反馈—调整。在研究过程中，先拟定第一部行动计划方案，依据计划方案，组织开展研究实践。在实施过程中对课题的进程作及时的考察，积极反馈，最后对反馈信息进行理性思考，找出问题、分析问题，修改实施计划。

4. 经验总结法。在开发和实施研究的基础上，根据课题研究重点，随时积累素材，探索有效措施，总结得失，寻找有效提高学生综合实践能力的方法。

三、研究过程

（一）研究阶段

第一阶段：

准备阶段

1. 收集、学习课题研究相关资料；
2. 制定实施方案、课题成员分工明确。

第二阶段：

实施阶段

1. 组员各自进行活动设计与实践。组员根据学校总方案围绕各自开发

小学综合实践活动的
设计与实施 xiaoxue zonghe shijian huodong
de sheji yu shishi

的活动主题进行教学设计，开展初步实践活动。

2. 开展组内交流、研讨活动，及时调整方案，确保研究方向正确、实施有序。调动组员之间的思想碰撞，充分发挥教师的积极性和创造性。

3. 审视实践中的不足之处，请专家进行课题、课堂教学实践研究。

4. 积累、整理过程材料，撰写活动实践案例。

5. 进行阶段性总结，反思、研讨设计中的优缺点，制定下一步研究目标。

第三阶段：

总结阶段

1. 组员撰写教学反思、经验总结等。

2. 整理资料，撰写总结。

（二）工作方法

1. 个人与团队相结合

每位教师依据自己的特长，发挥自己的优势，选择切合学情、班情的主题进行探究与实践。通过理论与实践相结合的研究，不断提升自身能力，促进教师个人成长。教师在团队研讨活动、课堂展示中呈现自己的研究成果，教师之间相互学习，取长补短，并以单元整体为单位，合作完成任务。团队协作能够让教师沟通交流，团队攻关，互相商讨研究过程中遇到的困惑和问题，形成解决方案，不断优化全体教师的教育教学行为，促进教师的专业发展。

2. 实践与研究相结合

在综合实践活动课程的开发与实施过程中，我校教师紧扣新课标和新课程方案的精神，不断钻研，挖掘各类资源，阅读名师专著，撰写学习体会，分析学生现状，进行各类研究。教师们努力将自己所思所研所得的成果付诸实践，运用到课程实施中，从而形成具有时效性、可操作性的教学案例。

3. 学习与反思相结合

教师开展了丰富的学习活动，如：聆听专家讲座、学习优秀教学视频、研读优秀教学案例、观摩区级展示活动、校内外专题研讨、做实日常的个人研修等，不断精进专业水平和专业技能。在研习之后，教师会进行有效的反思，反思自己的教学方式与教学策略，并不断归纳、梳理和整合，优化研究过程与实施方式，提高教学实效。

4. "请进"与"外出"相结合

学校积极搭建平台，邀请专家学者作专题讲座、辅导报告，为教师们指明研究的方向，教师进一步学习前沿教育理念与思想，提升教师专业素养，并且将所学运用到课程实践中。教师深入研究班级情况、调研学生学习情况，依据实际情况实地探访各类场馆资源。教师在外出考察过程中可以进一步拓宽视野，利用并整合优质资源，丰富自己的知识与阅历，提高教育教学的效率，提升教师的综合能力。

四、研究实施

（一）制定"慧生绘色"综合实践活动的课程目标

根据《中小学综合实践活动课程指导纲要》，我们以培养学生综合素质为主线索，开展以"丰富学生的学习经历，提高学生的关键能力，培养学生的意志品格"为目标的综合实践活动，确立了以下课程目标：

1. 依据新课改的精神，以"五育并举"目标为导向，开发分层分类综合实践课程资源，丰富课程体系，开展形式多样的综合实践活动。

2. 设计充分切合各年级学生的主题，在课程的开发与实施过程中侧重于培养学生的创新精神、实践操作能力、团队协作精神和社会责任感等，提升综合素养。

3. 教师发挥引导作用，提供课程实施的客观条件及经验指导，组织有意义、有价值的综合实践活动，引领学生运用不同方式解决问题。

4. 大力开展"慧生绘色"跨学科综合实践活动，将多学科的内容整合融入，让学生利用相关学科领域的知识和技能，尝试自主解决问题、完成任务，从而促进学生相关能力的提升。

（二）开发"慧生绘色"综合实践活动的课程主题

1. 开发路径

（1）整合兼容式开发

开发综合实践活动课程，首先可以整合学校各项活动、德育教育、地方课程、道法学科以及其他学科中实践活动的内容。整合兼容式开发就是指将上述相关内容作为课程资源进行课程开发，并运用自主探究、亲身体验、实践为主等学习方式完成这部分活动内容。

小学综合实践活动的
设计与实施 xiaoxue zonghe shijian huodong
de sheji yu shishi

（2）项目拓展式开发

项目拓展式开发是指综合实践活动课程的开发可以依托学校的科技教育、体育教育、艺术教育等，将活动中的某个项目进行专题拓展，开发成一个独立的综合实践活动课程。

（3）分层分类式开发

我们依据不同年级学生的特点，设计分层的、多元的主题式课程活动，以更好地满足不同年级学生的发展需求，也可以使主题式活动更有针对性和实效性。我们还优化了原有的春秋游、外出考察、雏鹰小队等活动模式，结合校外实践基地，进行不同类别的"主题化"课程设计。

（4）特色精品式开发

基于学校的特色活动、特色项目，重点开发综合实践活动课程。比如张闻天是我校第十一届毕业生，作为百年老校的惠南小学，我们以曾经培育了一代伟人张闻天而感到光荣和骄傲，因此我们开发了《走近闻天》主题式课程，让孩子们了解校友张闻天的生平故事，学习张闻天的崇高品德，传承和发扬张闻天的伟大精神。

2. 主题内容

依据《中小学综合实践活动课程指导纲要》，我们结合校内外资源，开发了众多活动主题。这些活动主题与多学科整合，体现跨学科综合性的特点，能够在实践活动中培养学生核心素养。具体内容如下：

	年 级	主 题	活动内容
人与自然	一至五年级	二十四节气	春分、夏至、芒种、冬至、谷雨……
	一至五年级	"慧谷农场"	神奇的叶子、薄荷的妙用、揭秘 8424
人与社会	一至五年级	走近闻天	漫步闻天长廊、徜徉校史展馆、探访红色人物……
	一至五年级	15分钟幸福圈	主题打卡集章、社会实践、制作海报……
人与自我	一年级	幼小衔接	学习规则、爱护书包、参观校园……
	一至五年级	足球嘉年华	游园活动、班级足球联赛、知识手抄报
	五年级	毕业季	毕业诗会、毕业寻访、毕业典礼……

（三）开展"慧生绘色"综合实践活动

1. 活动类型

（1）考察探究综合实践活动

考察探究综合实践活动主要是通过发挥学生主体意识，使学生自主参与探究活动，亲历整个探究过程，获得丰富的探究体验，加深对自然、社会和人生问题的思考与感悟，激发探索、创新的兴趣和愿望，逐步拥有乐学善思的良好品质，在活动中获得新知。

例如，我校围绕"小豆芽成长记"开展的综合实践活动，就是以活动为主要形式，强调学生的亲身经历，注重学生的情感体验，要求学生积极参与到各项活动中去，在"做""考察""实验""探究""体验"等一系列活动中让学生探索不同条件对豆芽成长的影响，切实体验和感受生活，培养创新精神和实践能力。

本次活动将学生分成四组，在四类不同条件下探究绿豆的发芽生长情况。第一类是土培和水培，第二类是浇水的多少，第三类是温度的影响，第四类是是否避光。学生每天早晚进行浇水及观察，通过小组讨论的形式探究不同条件对绿豆发芽的情况。最后以三种形式进行记录，完成植物观察记录表、植物观察小报及研究报告。

在探究不同条件下绿豆生长情况的过程中，教师引导学生积极讨论，组织学生记录自己的发现，并鼓励他们与同伴交流，要求他们清晰、有条理地表达自己的想法，不断促进学生探索意识的形成。教师应当支持和鼓励学生在育豆芽活动中敢于表达自己的想法、经验，创设一个让学生敢说、想说、愿说的探究氛围。绿豆芽的培育不是一帆风顺的，在学生自主学习与探索中，难免会出错、失败。学生的出错、失败，反而是一次很好的学习契机。绿豆芽没有培育成功，学生会共同讨论，不断积累经验，调整自己的行为，不断构建自己的认知结构。绿豆发芽的过程就是一个不断出现问题又不断解决问题的过程，这是观看图片、视频和文字无法获得的经验知识，也是考察探究综合实践活动的根本目的。在本次活动中，让学生经历绿豆发芽的完整过程，通过不同条件的对比，引导学生思考哪些条件对绿豆发芽是有利的，培养学生的科学思维和探索精神。

再比如我校开展以"二十四节气"为主题的综合实践活动也属于此类探究活动，重点引导学生结合生活实际，从不同角度了解与感受传统节气文化，培养了学生对二十四节气这一中国传统文化的兴趣，提升了民族自豪感。

三年级学生已经在诗中感受到不同时节物候的变化和自然景观，教师可以充分利用古诗单元的学习契机，开展"二十四节气"综合实践活动。教师负责活动的组织策划，各小组长带领自己的组员完成分工任务，确保每一位组员都能参与到活动中来，并且能在活动中感受到二十四节气的魅力，提升自己的传统文化素养。

教师首先通过播放《二十四节气歌》，让学生感受二十四节气的魅力，激发学生探索节气的兴趣，从而揭示活动主题——"传统文化之二十四节气"。

接着，全班进行分组，根据分组情况，推选出小组长。小组长明确了自己小组的活动任务，与组员们共同研讨、确定小组主题，进行合理的组员分工安排，为接下来的活动方案介绍做好充分准备。

按照自己小组的分工，大家各自对收集到的信息进行筛选、分类、整理、归类，完成《笔记记录表》的填写。之后，小组成员之间进行交流，分享自己的想法与意见，合作完成《节气介绍方案》的填写，教师在此期间起到引导、辨析的作用，帮助学生顺利完成小组汇报展示。

然后，各小组按照编排顺序依次进行小组汇报。小组全体成员上台，由小组代表汇报小组设计的节气介绍方案，重点介绍节气的气象、农事特点、食俗、民俗等，再由组员进行补充。在此期间，教师还可通过图片或视频让学生对节气的变化以及节气中从事的农业活动有一个直观的认识，以此来补充学生平时较少有机会接触的生活经验，增加课堂教学的深度与广度，拓宽学生学习的空间。最后，根据其他小组的评价和建议，各组对自己的方案进行修改和完善。

本次综合实践活动的开展，充分发挥了学生的主体地位。既能拓展学生的学习空间，又能使学生感受到中华优秀传统文化的深厚底蕴，使得课堂成为弘扬中华优秀传统文化的重要阵地，进一步提升学生的传统文化素养。

总之，考察探究型综合实践活动，教师要站在学生的需要和学生可持续发展的高度上来开展。在综合实践活动中，学生的自主选择和主动实践是关键，教师的作用是有效的引导，要放手让学生去尝试与探索，即使失败了也是一种体验、一种收获，要让学生在实践活动中，体验科学态度，懂得科学规范，体验与人合作和与他人分享成果的乐趣。

（2）社会服务综合实践活动

社会服务综合实践活动就是要将学生置身于更广大的社会背景中，把学生的学习场所从学校延伸到社区乃至社会，突破学生原有的学习方式，把课堂知识学习和社会体验学习"润物细无声"地融合在一起。正如我国伟大的教育家陶行知提出的"生活即学习，社会即学校"，让学生自主地参与实践活动并由此获得深刻的生命体验，实现学校与社会、学习与生活的有效链接。

我校的校史馆作为浦东新区教育工作党委党史学习教育领导小组确认的十家浦东教育系统红色教育资源之一，一直有接待外校老师来访参观的任务。为了更好地传承和弘扬学校历史文化，提高学生的综合素质，我校开展了一次"争做校史馆讲解员"的综合实践活动。

在活动开始前，我们制定了详细的计划和方案，包括讲解员的选拔、培训、讲解内容、讲解形式等。同时，我们还组织了一次校园文化知识讲座，向学生介绍学校的校史、校训、办学理念等。

在实施阶段，我们首先进行了讲解员的选拔，通过自愿报名、面试选拔的方式，选出了一批热爱学校文化、表达能力强的学生作为讲解员。然后，我们对这些讲解员进行了为期一周的培训，包括语言表达、仪态仪表、历史文化等方面的内容。在培训结束后，我们组织开展了一次模拟讲解活动，让讲解员们在实际场景中体验讲解的过程，同时，我们还邀请了学校老师和领导作为评委，对讲解员的表现进行评价和指导。在正式讲解阶段，我们安排了多次校史馆开放日，让全校师生和家长们参观校史馆，听取讲解员的讲解。活动结束后，我们进行了总结和反思。通过这次活动，我们不仅让学生了解了学校的历史和文化，增强了学生对学校的认同感和归属感，还提高了学生的语言表达能力和综合素养。

再比如：小学阶段的孩子对于金钱还没有明确的概念，无法体会父母赚钱的辛苦。因此，我校开展了"小小记账员"的综合实践活动。

在活动开始前，执教老师制定了详细的计划和方案，包括活动目标、实施步骤、评价方式等。同时，我们选择了具有财务管理经验的专业老师担任指导老师，为活动提供专业的指导。

在实施阶段，我们首先组织了一次财务管理知识讲座，向学生介绍了记账的基本知识和技巧。然后，我们安排了学生进行实际操作，包括建立账本、记录日常收支、编制财务报表等。在操作过程中，指导老师对学生的操作进行指导和纠正，确保学生能够正确掌握记账技能。

为了提高学生的实践能力和团队协作能力，执教老师通过提供一些家庭开销和理财知识的资料，引导学生了解置办年货的相关知识和需要注意的事

小学综合实践活动的
设计与实施 xiaoxue zonghe shijian huodong
de sheji yu shishi

项。学生可以通过实践操作，完成《我的购物清单》的填写，并互相交流、分享自己的购物计划和体验。活动结束后，我们也进行了总结和反思。

在这个过程中，教师可以将钱的问题引入到课堂中，让学生思考"钱从哪里来，又去了哪里"。通过让学生亲自参与购物过程，亲身体验金钱的实际运用，可以让学生更加深入地了解金钱的价值和意义，启发学生学习合理规划和使用自己的零花钱或压岁钱。

通过这样的综合实践活动，学生不仅可以了解到更多的家庭开销和理财知识，还可以提高自己的实践能力、团队协作能力和思维能力，也可以更好地认识到金钱的重要性和价值。

（3）设计制作综合实践活动

设计制作综合实践活动，更加重视培养学生对生活的观察和思考，强调学生的亲身经历与情感体验，让学生在实践中发挥主观能动性，自主发现和探索问题，思考、体验和感悟生活，提高学生的多维度感知能力。

例如：我校开展的五年级毕业季的综合实践活动——"我画我师"告白活动，通过直接的经历和感受去表达对老师的感激之情。

活动前，先由美术老师对学生进行人物作品绘画技巧的指导课，接着，组织五年级学生针对自己心目中的一位老师画一幅作品，通过绘画的形式来表达自己的心意。

汇报课上，学生将自己的作品纷纷展示在黑板上，配上一个个独特的标题。学生用心地刻画出老师的面容，绘制老师在课堂上教学的场景，有的还融入了老师的特点和个性。他们用自信的语言表达出对老师的感激之情，感谢老师的辛勤教学、耐心引导和关心爱护。在场的老师都被学生展示出来的心意所打动，被他们的真诚和努力所感动。

通过这样的活动，学生增强了对老师的认同感，对学校的归属感，传递了师生之间关怀和温暖，深化了师生之间的情感。他们不仅在表达中学会感恩，也在此过程中培养了良好的品质和情感素养。他们学会了观察和感悟，学会用绘画和言语表达自己的情感，学会感受他人的付出与关怀。这些品质和素养将对学生未来的成长和发展起到积极的引导和影响。

再比如，我校开展的以"走近闻天"为主题的综合实践活动，紧扣校友张闻天的伟大一生，通过多个阶段的活动设计，引导学生感悟红色精神，培养对张闻天的敬仰之情，激发爱国情怀。

活动伊始，学生围绕校友张闻天的事迹展开，通过阅读相关资料和自编读本《校友张闻天的故事》，深入了解张闻天的奋斗历程。学生从中摘录了张闻天的名言。这既培养了学生的阅读兴趣，又锻炼了文字表达和书写能力。接着，在学校自编读本《校友张闻天的故事》引领下，学生们经历了一场时光穿越，仿佛置身于张闻天追求真理，忠于党和人民，革命一生的生动画卷中。这种以故事形式的讲述，为学生提供了一次身临其境的学习体验，使他们更容易了解和感悟张闻天的伟大一生。教育是一场灵魂的碰撞，而故事正是激发灵魂共鸣的最佳媒介。这一过程不仅提高了学生的学科水平，更激发了他们对历史、文学的浓厚兴趣。最后，通过阅读记录表，将自己的思考与感悟具体地记录下来。整个活动的设计使得学生在学习中不仅有了思考深度，也培养了整理观点的能力。完成阅读记录表后，学生们进行了小组分享。这个环节不仅加深了对张闻天事迹的理解，更提升了学生的表达能力和团队协作意识。在小组内，同学们不仅分享自己的感悟，还倾听其他同学的思考，通过交流形成更为全面的认识。这种互动式的学习方式，使得学生不仅拓展了自己的思维，也学会了尊重与倾听。最后，学生综合运用劳技、艺术等知识制作了"闻天精神"书签。在教师的精心指导下，学生用灵巧的双手制作出的一张张个性鲜明的书签呈现了出来。这不仅进一步激发了学生的阅读兴趣，还锻炼了动手制作的能力，提升了审美情趣。

通过"走近闻天"综合实践活动，学生在实践中深度融会贯通学科知识。历史、文学、艺术等多个学科相互交织，使学生在了解红色历史的同时，全面提升了学科综合素养。此外，为了更好地发挥综合实践活动的作用，有必要与更多的社会资源进行深度合作，提供更多元的学习机会。最后，及时总结反思活动，为今后的开展提供更加丰富的经验。

（4）职业体验及其他综合实践活动

新课程标准指出，"职业体验是落实活动型学科课程、引导学生'迈入社会实践活动的大课堂'的重要抓手"。职业体验是综合实践活动课程实施的四大方式之一，它提倡让学生在模拟真实情景或真实的工作环境中，认识自己的职业角色，发掘自己的兴趣和特长，发挥自身优势，培养自己的劳动理念，树立自己的生活目标，从而提高自己的职业生涯规划能力。

我校通过开展"15分钟幸福圈"的综合实践活动，让学生能够更好地发挥自己的潜力，更客观地认识自我，发现自己的职业志向和职业发展动力，不断地探索和调整自我成长。

学生通过在课后服务时间段，开展系列职业体验综合实践活动。例如："我是小小风景画师"活动就是在专业教师的指导下，通过小组协作完成了"Hui 美校园"写生手册。正所谓"一草一木皆含诗意，一墙一瓦皆为美景"，校园是我们成长的摇篮，是我们梦想启航的地方。学生选择校园中的某处场景进行仔细观察，运用不同艺术形式去表现校园的风景，在专业老师指导下掌握不同工具、材料的使用方法，创作出描绘校园风景的写生作品，记录下自己的写生内容与心得，与同学交流、分享。学生能在感受校园风景魅力的同时，体会到写生的快乐，并对风景画师这一职业有初步的实践体验。

除此之外，"我是小小园艺师"活动也是利用课后服务期间，组织学生在学校机房查询资料，了解各类植物的花语，为选择将要种植的植物做准备。接着各小组确定好种植的植物与种植地点，查询并收集种植的方法、植物的喜好等资料，完成《植物卡信息收集表》。之后按照计划与分工，在教师的指导下实践种植，记录植物变化，完成《种植观察记录表》。最后一起反馈植物生长情况，发表心得。在此过程中，学生通过体验"园艺师"这个职业，知道园艺师需要有着丰富的园艺知识、审美能力和实践经验，承担着打造城市绿色空间的重任。在体验的过程中，培养学生的耐心与细心，有利于激发他们对大自然的热爱之情。

位于我校附近的市民家园里有一个"惠乐园"，那里分为室内和室外两个场所，供低年级学生参观与游玩。首先在教师的引导下，学生整体感知本活动主题。教师介绍"惠乐园"长什么样，室内活动有美工室、乐高室、阅览室等，室外有儿童玩乐设施以及植物科普区。

学生根据自己兴趣，选择想要参观的地点，交流分享选择的原因，通过选择的参观地点进行分组，确定组长。接着，学生在组长的带领下进行分组参观，学生在参观过程中，发挥自己的想象力和创造力，完成作品，进行小组比赛，与同伴分享交流，虚心接受他人的建议。

学生参观结束后，交流分享自己的收获。参观美工室的学生分享自己认识的画材，展示自己的作品。参观建构室的学生分享自己从趣味拼搭积木墙上看到的物品，展示自己拼搭的积木。参与户外活动的学生分享游戏中自己的感受。参观科普创新屋的学生科普并分享了体验儿童健身——发电脚踏车的感受，交流了自己想要发明的物品。参观艺术微展厅的学生交流了自己看到的标志性建筑以及看到画作后的感受。活动最后，学生填写"惠小少先队员实践争章护照"，记录活动的感受。

学生在参观与实践的过程中，不断提高自己的交流能力、合作能力，发展了自己的兴趣爱好，培养了社会责任感和创新精神，汇聚了幸福力。

2. 活动策略

（1）强化感悟，坚持立德树人

新课程标准要求我们在教育教学中，应系统融入习近平新时代中国特色社会主义思想，强化社会主义先进文化、革命文化、中华优秀传统文化等方面的教育，将党的教育方针具体化、细化为学生的核心素养发展要求，在课程教学中着力培养学生的正确价值观、必备品格和关键能力。

（2）坚持实践，改变教学方式

综合实践活动课程指向学生动手实践能力的培养，因此在课程实施过程中，要以学生实践操作为主要学习方式，强调让学生养成自主探究的意识，而不是以教师讲授为主，不囿于学科和书本，而将理论知识与实践操作相结合。要在实践操作中将学习的探究性和实践性智慧结合在一起，将学生的个人知识、直接经验、生活体验看成重要的课程资源，通过"做""考察""探究""调查"等一系列实践活动完成学习内容，达成课程目标。

（3）探索多元，丰富学习空间

综合实践活动课程承载培养学生的社会责任感、提高学生服务社会能力的教育功能。在课程实施过程中，强调学生在课程中的丰富体验。要根据课程内容适时让学生走出学校，探索多元的资源，参加各类社会实践，在实践中进行体验式学习，获得有价值的情感体验，丰富自身的学习经历。

（4）挖掘资源，家校联动共育

学校的发展离不开家长们的支持，家校联动为共育学生提供了一个良好的平台。学校通过充分挖掘和利用家校资源，增强家庭和学校的联系和互动，促进学生的全面发展，同时也为学校教育注入了更多的活力和资源。

（四）"慧生绘色"综合实践活动课程的评价

1. 评价原则

（1）关注过程性评价

要充分重视学生活动过程的评价，突出对学生活动体验和收获的评价，揭示学生在活动过程中的表现以及他们解决问题的过程。不但要注重评价学生在活动过程中的表现以及他们是如何解决问题的，还要密切关注学生在综合实践活动过程中的实际体验和发展程度。

（2）强调学生为主体

要充分调动每位学生的主观能动性，发挥学生的主体意识，使评价过程

小学综合实践活动的
设计与实施　xiaoxue zonghe shijian huodong
de sheji yu shishi

真正成为学生及时发现、及时改进、及时完善的过程。综合实践活动课程是以学生为主的课程，让学生自我评价也有助于学生明确活动目标，从而及时审视自己需要改进的地方。

（3）着重激励、正面评价

在激励性评价观念的指导下，通过对学生的不断鼓励与正面引导，就可以激发起每位学生的发展潜能，也能有效增强他们的自信心，产生内在的心理激励，从而不断进步。同时，可以促使学生更积极地投入到活动之中。

2. 评价内容

多元的评价内容是一个动态的评价观，对学生在综合实践活动中表现出的学习态度、合作精神、参与意识、学习能力等多方面的发展予以评价。

综合实践活动学生学习能力表现评价表

活动内容_____ 班级_____ 姓名_____ 时间_____

评价内容		自评	互评	师评	家长评
信息整理归纳能力	学会并运用恰当的方法收集信息，能区分相关、有效信息和无关、干扰信息。能够对收集的有效信息进行分析与处理。				
合作能力	具有与人沟通合作的愿望与能力，能与组员积极合作完成活动，并做到团结协作，合理分工，主动承担任务。				
动手能力	在综合实践活动中掌握有用的技能，尝试并敢于将知识转化成劳动技能。根据要求，制作出优秀的作品。				
策划能力	有条理、有计划地进行策划与组织，有一定的领导力。				
运动能力	能按照要求运用器材，领会和掌握运动的技巧，并有纪律地进行活动。				
表达能力	声音响亮，仪态落落大方。用语文明，得体。叙述时内容详细，有条理，用恰当的语气表达感情，发表意见，观点清晰、有一定说服力。				
诵读能力	发音正确、响亮，吐字清晰。能根据表情达意的需要，正确地突出重音。能根据语言环境正确地读出不同的语气，准确地表达思想感情。				

续表

	评价内容	自评	互评	师评	家长评
思维能力	积极动脑，能做到独立思考。具有严密的逻辑思维，充分发挥想象力和创造力。				
品鉴能力	有较高的艺术素养和丰富的知识面，可以针对事物不同的方面发表独立的见解。				
创编能力	对目标和素材做到心中有数，具有创造思维能力和一定的创编经验。能够根据主题要求，独立或与小组成员进行创作、编写小作品。				

注：评价可以分为 A、B、C、D 四个等级，分别为 A 代表好；B 代表较好；C 代表一般；D 代表需努力。

3. 评价形式

（1）对学生进行评价，建立评价制度，设计评价量表。定期制作问卷，听取教师、学生与家长的建议和意见，及时修改，完善活动评价。

（2）建立学生综合实践活动手册，包括：活动影像资料、相关文档与表格、心得体会和制作的作品等。重点关注过程性评价与积累过程性资料，关注综合实践活动课程目标的全面达成。

（3）建立小组间互评制度，注重人人参与，引导学生学习运用探究性学习方式，以此推动学生积极参与活动的全过程。从三个维度进行评价，每个维度再划分为三个等第，如积极参与、一般参与和被动参与等。

综合实践活动学习成果评价表（组间互评）

评价内容	参与热情	参与途径	参与效果	综合评定
小组发言				
主题汇报				
参与评价				
……				

五、研究成效

（一）学生综合实践能力逐步提升

在"立德树人"的大背景下，我们以综合实践活动内容为基础，以学生学习成长为核心，通过与语文、音乐、美术、劳动技术等其他学科的整合后，我们发现在一系列的综合实践活动的实施中，能够有效地培养学生的一些综合能力，也能使学生在跨学科整合学习中有实际收获。

以下是小朋友的学习体会：

潘香："我在我们学校的"慧谷农场"里认识了好多蔬菜，我还给它们浇水、施肥，特别开心！我还摘了一些小青菜回家给爸爸妈妈呢！"

金屹城："今天的探究课上，老师教我用传感器测试土壤的酸碱度，这是我第一次见到这类仪器。我还知道了许多农业知识，真是受益匪浅。"

蔡右泽："我参与了'走近闻天'综合实践活动，我认识了张闻天爷爷，他毕生探索真理，胸怀坦荡，为了国家奋斗终生。我们现在一定要好好学习，将来成为祖国的有用之才，为国家作贡献。"

蔡佳淇："我和我的好朋友一起上台表演了《二十四节气歌》，还制作了二十四节气的明信片，我们好高兴！"

唐墨："我快毕业了，对母校很不舍。感谢老师们对我的教导与爱护。我在'愿景卡'上写下了对惠南小学的祝福，我希望学弟学妹们可以好好学习，努力进取，成为母校的骄傲！"

黄承帝："我们在足球比赛中奋力拼搏，在运动场上我们永不言弃，一起挥洒汗水，为班级取得了荣誉。"

王安之："我的'HUI 聚幸福力'课后服务打卡护照已经填满啦！我和我的同学去南汇博物馆和上海浦东气象科普馆进行研学活动，这个经历令我印象最深刻。我们在那里学习到许多知识。"

薛景泽："我终于上一年级啦！班主任老师教我们合理安排课间时间。我还学到了一些文明的课间游戏。老师还带我们参观了校园，了解了一些学校的历史。我很喜欢我的学校！"

（二）教师教育专业能力逐步提高

教师的教学形式由内容指向转变成任务导向。教师在课题研究与实践中不断摸索、探究与钻研，撰写综合活动设计，对活动的实施进行一定的反思。在这个过程中，教师对跨学科领域的研究能力有了更进一步提高。

教师在实践活动中积累了丰富的多元化知识，开阔了视野，拓宽了知识面，还积累了跨学科的教育教学经验，逐步提高学科探究的多元能力和专业素养，提升跨学科课程开发和实施能力。

以下是部分老师的体会：

钱晓婷：本次综合实践活动的设计与开展开阔了我的视野，拓宽了我的知识面。作为一名数学老师，在带领学生开展综合实践活动的同时，我也和孩子们一起成长，一起感受探究的快乐，这是之前从未有过的体验。通过与其他学科教师的交流和合作，我能够更好地理解不同学科之间的联系，从而在本次综合实践活动中更好地当好组织者这个角色。与此同时，我也深深感受到还需要不断提升自己的学科探究能力和专业素养，以适应不断变化的教育环境和学生需求。

朱佩：本学期，我带领学生开展了一次"小麦的一生"综合实践活动，看着孩子们从搜集资料到亲自动手实践，认真观察并做好记录的过程，我不禁感慨，他们俨然就是未来的科学家。综合实践活动的开展大大提高了学生发现问题与解决问题的能力，增强了学生的合作意识。这也让我有了更多的思考和启迪，希望接下来能够设计出更多受孩子们喜欢的综合实践活动课程，让孩子们在探究中提升核心素养。

周非儿：通过本次"能说会'稻'"综合实践活动的实施，在潜移默化中培养了孩子们科学探究、收集资料、创新思维的能力，更提高了学生展示交流、团结协作和客观评价的能力。我作为指导老师，和孩子们一起在课题研究与实践中不断摸索、探究与钻研，通过撰写综合活动设计，并对活动的实施进行一定的反思，让我对跨学科领域的研究有了更进一步的认识。我拥有了多元化的视角，并逐步具备了开展跨学科综合实践活动中的多维度能力。

陈慈恩：教师在综合实践活动中扮演着活动的组织者、指导者和促进者等重要角色。教师在活动中通过撰写活动设计、创新教学组织形式和教学方法，充分发挥学生的学习主体作用，为学生提供丰富的课程实践机会。在此过程中，教师能进一步提高自己跨学科知识整合能力、指导学生规划设计与实施活动的能力、课程资源的开发和利用能力。通过实践，我深深感受我们应该利用好综合实践课这片教学后花园，让综合实践课走进生活，为学生创新思维的腾飞与实践能力的提升提供更大的舞台，让课堂教学走进学生的生活，从学生的生活实际和真实需要出发，富有智慧、富有创意地开展教学。

（三）家校社合作共育意识逐步增强

贯彻"双新"要求，我校在综合实践活动课程中，积极推动家校社三方共同协作的进程，积极与家长、社区合作，创建资源基地或资源库等载体，形成共建共享机制。课程内容的设计也有家长参与任务设计与家庭教育指导等内容，以更好帮助家长提升家庭教育能力，促进学生更好成长。

以下是部分家长的体会：

二（6）缪奕伶妈妈：

作为学生家长，我有幸参与"葱葱"茏茏这个综合实践活动，和孩子们一起在钱晓婷老师的带领下，细细讲述了他们与小葱的故事，分享了他们在实验过程中发生的趣事，还收获了不同的实验结果，赢得了现场老师们的阵阵掌声。

不由感叹在教学模式的不断更新下，在学校、老师的共同努力下，学校的学习生活变得更丰富多彩，孩子们也在不断蜕变，让孩子们不再局限于课本知识，更能从实践活动中学到生活技能和本领，加强了孩子们的动手能力，让他们真正往德、智、体、美、劳全面发展的方向发展，相信"惠小"孩子们的明天会更加精彩。

四（2）班马嘉煜妈妈：

感谢学校组织了这次"走出课堂、走进乡村稻田"的劳动实践活动。活动不仅让孩子们体验了生活、增长了知识，也给我们家长增加了与孩子互动的机会，让我们更好、更有意义地参与到了他们成长过程中！

在工作人员的示范和家长的帮助下，孩子们手拿镰刀割着稻谷，忙得不亦乐乎！尽管面对很多困难，大家仍然铆足了干劲，在稻丛间一把一把收割稻穗，扎捆后再抱到木桶前。孩子们双手握紧稻谷，高高举过头顶用力敲打，一粒粒金黄的稻子脱落下来，大家用最传统的方法亲手把收割的水稻脱粒成稻谷。

收完稻谷，孩子们还亲身体验了一次制作民俗米糕的乐趣，做出来的米糕香甜软糯，美味可口。孩子们通过"收稻—脱谷—揉面—做糕"等一系列劳作活动，感受到了劳动的辛苦与不易，更加懂得了"粒粒皆辛苦"的道理。

四（2）班宋杰睿爸爸：

秋天到了，稻子熟了，我和杰睿一起在海沈村割稻子，从来没有见过这样的场景，他拿着小镰刀，我告诉他要小心。我们一起走进稻田，看到金黄的稻子，孩子们都非常的兴奋。

他试图模仿我割稻子的动作，虽然他割得非常慢，但是他的眼神里充满了专注和热情。我告诉他，这是我们吃的食物，谁知盘中餐，粒粒皆辛苦，我们要珍惜每一粒粮食。他认真地点了点头。我们一起割完稻子后，虽然身体感觉非常累，但是他的脸上洋溢着满足和幸福的笑容。这是我们共同的回忆，也是我们父子之间难忘的时光。

（四）学校特色课程品牌逐步彰显

我校课题研究所积累的一系列实施框架、实施案例和资源体系等，不仅可以帮助教师有效地开展活动，还可以为学校的课程建设提供有力支撑。在丰富学校课程资源的同时，也推进了学校课程建设的步伐，学校综合实践活动特色课程逐步成熟。

学校的特色课程的发展还呈现多样化、多元化的趋势。我们针对学生的需求与兴趣，致力开发形成一系列创新性的特色课程。这些特色课程涵盖多学科、多领域，旨在培养与提升学生的关键能力和综合素质。特色课程的发展也得益于多类优质教育资源的共享、校际联合、家校社合作的开展，提高了特色课程的质量和影响力。

六、探讨与思考

通过几年综合实践活动课程的开发与实施，学校基本构建了综合实践活动课程体系；培养了一批勤学习、会思考、善科研的骨干教师队伍；营造了健康、良好、浓郁的教育氛围；凸显了学校的教育特色。但是，在实施的过程中我们也发现有些地方还可以不断地改进、完善和继续深化。

1. 校际互动，成果共享

随着新课标和新方案的颁布，各个学校都越来越重视综合实践活动课程的开发和运用，推动了学校教育向纵深发展，体现出各自的特色与文化。我们仍然需要适当开拓综合实践活动课程开发与实施的视野，通过组织和引导，开展校际互动，使各校在综合实践活动课程建设中可以共享成果、互补有无。

（1）组织引导。综合实践活动课程建设中的校际互动既需要各所学校之间的自主行为，更需要教育行政部门的组织引导和协调，提供一种成功共享、优势互补的出路。

（2）主动推介。各校在综合实践活动课程建设的过程中，可以通过网络、专题活动等渠道主动介绍自身综合实践活动课程开发与实践的经验和成果，为学校和教师发展提供舞台。

（3）相互学习。各校通过相互了解、相互学习、相互启发，取长补短，

小学综合实践活动的
设计与实施 xiaoxue zonghe shijian huodong
de sheji yu shishi

学习借鉴，来反哺自己学校的工作。

（4）资源共享。既包括成果、教材、课件、影像等资源的共享，也包括教师资源的共享，还包括课程资源的直接共享。可以直接引进其他学校适切的、优秀的综合实践活动课程，也可以彼此邀请优秀教师带课上门、互动教学，体现优秀教师、优秀课程的价值，实现资源的互补升值。

2. 立足学校，社区共建

加强教育与生活、学校与社会、学生与家长、知识与实践之间的联系是综合实践活动课程的重要目标取向之一，社区是青少年校外社会生活的立脚点，综合实践活动课程的教学实践应该突出学生在就近、就便的社区生活中应用、验证、获得知识和能力的特点。通过综合实践活动课程的开发和使用，我们更多地体会到：综合实践活动课程的持续开发与实践，需要更多研究和体现与现实生活的联系、与社区资源的整合，以学校文化和社区文化为基点，将学校课程与社区教育资源更加紧密、更加广阔地整合起来，使综合实践活动课程与社区资源、社区需求、社区学习相结合，发挥学校特色，延伸学校教育的内容和途径，充分利用社区资源，提高教育的实践性、生活性、应用性，呈现整合、生成、实践的课程观，创造一种开放、宽松、平等、多样、实践的学习大环境，使学校社区化、社区学校化。

（1）用足、用好社区资源。进一步梳理、挖掘、整合、利用好蕴藏在社区和师生、家长中的优秀资源。

（2）群策群力、延伸课堂。发动学生、家长、社区居民共同参与综合实践活动课程的开发，帮助提供学习素材，传播热点信息，使社区成为青少年进行多元学习的社会大课堂。

（3）资源共享、活动共与。学校和社区互相提供学习、活动的场地，共同组织和开放各种形式的活动。让社区中的"达人"成为学生的老师，让学生在实际生活中增强体验，增强应用和实践的意识，领悟向生活学习、向社会学习的真谛。

第二部分

实施方案

02

"慧谷农场"综合实践活动课程校本化实施方案

浦东新区惠南小学　张琴琴

一、背景分析

惠南小学为上海市为数不多的"百年老校"之一，校园环境充满"花园、健园、学园"式的现代书院气息。学校围绕《中小学综合实践活动课程指导纲要》《上海市中小学拓展型课程指导纲要（试行稿）》等文件精神，结合各年级学生的特点，开发了"慧谷农场"综合实践活动。

"慧谷农场"综合实践活动依据五个年级学生的身心发展特点，设计了十个小主题。通过劳动育人的模式，紧紧围绕"家园、校园、田园"三个载体，以"慧谷农场"为研究地点，充分结合校本资源和家庭、社会资源，设计具有意义的跨学科主题与活动，开展丰富多样的综合实践活动，丰富劳动、活动过程的实践体验，提高劳动能力和综合实践能力，培养核心素养。为实现树德、增智、强体、育美的目的，让学生养成良好的劳动品质，收获成长的幸福。学生还能在"慧谷农场"中学习现代化农业技术的原理应用，体验智能化和科技创新，充分开拓学生的科技视野，真正体验到现代数字农业技术的魅力。

二、课程目标

1. 落实"双减"政策，将"五育"体系融入教学管理中，渗透学生的学习和生活，实现"五育并举"。通过综合实践活动的实施培养学生的优秀品格，进一步提高综合素养，促进学生全面发展。

2. 通过了解农业的相关知识，并对农业的多方面有更深入了解。在活动与实践的过程中，形成观察、收集整理信息等方面的能力，提高综合应用知识解决问题的能力。

3. 依据各年级学生的身心特点与兴趣，设计具有递进的活动目标，让学生养成积极探索、思考的习惯，掌握探究和解决问题的方法。

4. 教师运用促进性的指导，为学生的自主探究充分创造条件，组织有效的实践活动，引导和帮助学生们在实践中学习、体验、感知和探索，推动学生研究活动的深入开展。

5. 通过有关农业主题实践活动的开展，让学生通过猜想、实验、验证、反思等实践环节，提高小组合作学习的能力与信息素养，提升学生的思维能力与创新意识。

6. 以丰富多彩的主题活动为载体，结合本校劳动教育，让学生参与其中，体验、收获、成长，逐渐增强劳动意识与探究意识，培养自理和自立能力，培养热爱自然、热爱劳动、热爱生活的态度。

7. 学生通过零距离接触智慧农业发展，感受农业的数字化和科技创新教育的高新科技，感受数字科技对于学习、探究的作用与意义。

8. 以"慧谷农场"作为实践的载体，在实践过程中学会综合运用跨学科知识，突出整合学科知识、综合、实践、创新的目标，突出规则意识和关键技能的学习。

三、课程架构与内容

（一）课程主题架构

我校综合活动设计紧密结合学校"劳动育人"新模式，将作为"慧谷农场"为活动地点，在实践过程中重在引导学生学会观察、记录、猜想、方案设计、科学验证等科学研究方法，提升团队合作、交流分享等的能力，培养学生对大自然的探索兴趣。同时，在本校小学劳动教育课程目标的引领下，让学生在实践中体验动手操作的乐趣，在过程中发现问题，运用跨学科知识去实践、解决问题，培养劳动技能、合作能力和创新能力，全面提高核心素养。

在原有的校本课程资源的基础上，按照《中小学综合实践活动课程指导纲要》的要求，设计、开发"慧谷农场"综合实践活动课程。通过此类活动课程的实施与开展，培养学生的探究精神、创新精神和实践能力，提升核心

小学综合实践活动的
设计与实施 *xiaoxue zonghe shijian huodong
de sheji yu shishi*

素养，让每一个学生学会动脑思考、勇于实践、敢于质疑，具备探索精神，逐步提高综合能力。

（二）内容设计

以"校园、田园、家园"劳动教育为依托，由学校课程教学部主管，行政事务部、学生德育部辅助，由两类课程教研组总负责，以"慧谷农场"为载体和共识资源，成立惠南小学"综合实践活动课程"项目开发组，共同研究与规划"慧谷农场"综合实践活动各年级的主题设计。

同时结合学校两类课程架构，完善综合活动课程体系，开展一系列主题活动。将各个主题的综合实践活动与劳动相结合，使学生树立正确的劳动观，形成良好的劳动习惯，提升综合实践能力。让学生在平等、和谐的劳动教育环境中获得广阔的发展空间，同时体验劳动的乐趣，促进心理成长，实现五育并举。

在此基础上，学校优化劳动实践活动方式，将数字科技农业技术运用于探究农作物的生长，拓宽学生学科知识视野，利用数字化平台推动了"慧谷农场"数字科技农业的现代化建设。

"慧谷农场"
——综合实践活动各年级主题一览表

年　级	主　题	相关学科	活动方式			
			考察探究活动	社会服务活动	设计制作活动	职业体验及其他活动
一年级	认识"慧谷农场"	语文道法	√			√
	米宝宝历险记	美术语文	√		√	
二年级	葱葱茏茏	科学信息技术	√		√	
	小豆芽成长记	数学道法	√	√	√	√
三年级	种子的秘密	语文劳动技术	√		√	√
	我和春蚕有个约会	科学数学劳动技术	√	√	√	√

续表

年　级	主　题	相关学科	活动方式			
			考察探究活动	社会服务活动	设计制作活动	职业体验及其他活动
四年级	能说会"稻"	科学 美术 劳动技术	√	√		√
	探究中草药	音乐 信息技术 劳动技术	√	√	√	√
五年级	揭秘 8424	科学 语文 信息技术	√	√		√
	创意种植	科学 美术 劳动技术	√	√	√	√

四、课程实施

（一）编制学校综合实践活动课程方案

根据《中小学综合实践活动课程指导纲要》、惠南小学"惠益课程"纲要以及学校课程发展实际需要，本校从五个年级学生的年龄特点与实际需求出发，编制学校综合实践活动课程方案，选取与农业相关的内容作为综合实践活动的主题，将这些活动与多学科整合，体现综合的特点，在实践活动中培养学生一些相关能力。

（二）教学时间

1. 每周一节的探究课、活动课、兴趣小组活动时段，开展实践活动。

2. 将主题式综合实践活动课程与雏鹰争章、社会实践活动有机、密切地整合。

3. 利用节假日、寒暑假时间等，开展家庭小组合作学习，进行实践活动。

4. 依据实际情况，每学年以年级为单位组分别开展 1 次"慧谷农场"综合实践课程的展示活动。

小学综合实践活动的
设计与实施 xiaoxue zonghe shijian huodong
de sheji yu shishi

（三）活动方式与组织

1. 活动方式

① 主题探究活动（形式包括：小组团队协作研究、亲子合作、家校社联动组织等）；

② 实践种植活动；

③ 设计制作活动；

④ 外出考察活动及其他活动（如：实地考察、基地参观、游学研学活动、外出采访、社会调查、雏鹰假日小队活动等）。

2. 活动组织

① 班级集中活动

通过综合实践活动课程的基本形式——教学班，按照活动计划开展活动。活动内容安排为学生的集中指导与教学，开展主题研讨与交流活动等。在每周一节的探究课堂中，由各年级的执教教师根据课程总目标和分目标，围绕主题，组织学生有序开展综合实践活动。

② 小组合作活动

小组合作研究是学校开展综合实践活动课程的主要组织形式，小组一般5—10人，提倡自愿自主结合。小组结合可采用多种不同的组合形式，如：兴趣相近者组合成为合作小组，特长互补者组成合作小组等。

五、课程评价

"学生是学习和发展的主体"，自然也是评价的主体。学生共同参与到评价中来，成为实践活动的有机部分。教师应在学生自评、互评的基础上作好引导，为学生提供一些有效信息和评价语言，如指导学生如何多角度地去看待评价的问题等。通过学生之间的互评、自评和教师的导评，不但能调动学生的学习积极性，还能提高学生的评价能力。

（一）评价原则

1. 过程原则：注重学生主体参与实践的过程及在这一过程中所表现出来的积极性、合作性、操作能力和创新意识，更关注学生在实践过程中体现出的解决问题的能力，而不局限在对学生所得出结论的评价。并且要将质性与量化相结合，体现评价方法的科学性。

2. 多元原则：他评与自评相结合，体现评价主体的多元化。强调多元价值取向和多元标准，肯定学生参与实践研究的多元方式，鼓励运用不同的方案解决实际问题，丰富实践成果的表现形式。通过多维度评价学生活动的方式，要根据学生的不同情况和特点，考量学生的个性特长、兴趣爱好等，针对性地进行个别评价。其中涉及实施过程的评价，探究结果的评价。评价者包括学生自评和互评，教师评价与家长评价。

3. 整体原则：将课程、教学和评价进行有机整合，贯彻到活动中。将发展性与差异性相结合，体现评价内容的全面性。学生在综合实践活动中的各种表现和活动产品也是评价他们学习情况的依据，同时把评价作为师生共同学习的机会，促进学生发展和教师的成长。

（二）评价内容

综合实践活动的评价内容是多元立体的，要让评价既关注学生实践活动的成果与实效，更要关注学生在活动过程中每个阶段的表现。通过评价判断学生在该活动中的成长和进步，也从评价中看出存在的优势和不足，依据评价结果明确进一步改进不足之处的措施。

1. 对于学生的过程性评价

① 争章评价：与学生的争章活动相结合，设立"小能手章"。

② 活动手册评价：设计《惠南小学学生活动手册》，记录实践过程与收获，也是活动过程、成果的记录册。采用自评与互评的方式。

③ 竞优评价：通过师评、互评，每月评选出"小达人"，予以表彰。

活动评价表

学生姓名：		活动主题：			
标　准	内　　容	自　评	互　评	师　评	家长评
行规表现	能遵守课堂纪律，有秩序、文明地进行实践。	☆☆☆☆	☆☆☆☆	☆☆☆☆	☆☆☆☆
交流表达	仔细观察，并认真聆听。发言时，思维逻辑清晰，声音响亮，表达流利、充分。	☆☆☆☆	☆☆☆☆	☆☆☆☆	☆☆☆☆
协作意识	能积极参与活动，完成自己的分工，乐于帮助同学，并进行交流表达，合作有效。	☆☆☆☆	☆☆☆☆	☆☆☆☆	☆☆☆☆
实践能力	能认真按照活动计划参与，学会思考、解决问题。	☆☆☆☆	☆☆☆☆	☆☆☆☆	☆☆☆☆

小学综合实践活动的
设计与实施
xiaoxue zonghe shijian huodong
de sheji yu shishi

续表

标　准	内　容	自　评	互　评	师　评	家长评
活动成效	能体验感悟、完成活动，并分享成果。	☆☆☆☆	☆☆☆☆	☆☆☆☆	☆☆☆☆
成果展示	成果展示完整，贴合主题，具有新意。	☆☆☆☆	☆☆☆☆	☆☆☆☆	☆☆☆☆
总体评价	☆☆☆☆				
备注	请根据实际情况，给☆涂色。 4☆：优秀；3☆：良好；2☆：合格；1☆：须努力。				

2. 对教师的评价

评价从教师"职业道德""教学态度""教学水平""教学效果"的角度出发，面向全体综合课程执教的教师，用动态的眼光对教师进行活动指导工作，进行全面而系统的评价，并且及时进行反馈。

教师评价表

教师姓名：

	评价内容	生　评	自　评	学校评
职业道德	在工作中，有责任心，乐于奉献；在团队工作中积极合作，具有协作精神。主动学习，提高综合实践活动课程指导能力，与时俱进。	☆☆☆☆	☆☆☆☆	☆☆☆☆
教学态度	执教态度认真，勤于钻研。了解和尊重学生，指导学生在综合实践活动中掌握必备技能，锻炼多元的能力；尊重学生，关注个体差异，因材施教，引领全体学生积极参与综合实践活动。	☆☆☆☆	☆☆☆☆	☆☆☆☆
教学水平	能根据综合实践活动课程的基本要求，明确教学目标，结合校内外优质的学习资源；善于引领学生进行讨论、质疑、探究、合作、交流，引导学生创新与实践。	☆☆☆☆	☆☆☆☆	☆☆☆☆
教学效果	能充分调动学生学习的积极性，优化教与学方式的转变，提升活动实效，培养学生创新精神和实践能力。	☆☆☆☆	☆☆☆☆	☆☆☆☆
综合评定	☆☆☆☆（备注：请根据实际情况，给☆。4☆：优秀；3☆：良好；2☆：合格；1☆：须努力。）			

3. 课程实施效果的评价

课程的实施效果评价主要评价活动课程目标的达成度和效果、学生的发展情况、学生的满意度、学生的收获及其他方面的实施效果评价。

六、课程保障

（一）经费保障

合理使用教育经费，确保课程经费使用，保障课程有序实施。学校对课程开展提供积极的经费支持，定期对课程设施的硬件环境进行维护和扩充，根据课程需求添置相应的设备和建设专用教室，对在课程建设中有突出成绩的教师和教研组进行专项奖励。学校设立"综合实践活动课程"建设开发项目组专项经费，用于每学期相关课程开发建设，由项目组负责人统一管理，学校财务部门实际操作。

（二）硬件保障

"慧谷农场"场地资源的维护与管理、多媒体设备、设施维护，相关课程专用教室环境布置等，均由学校行政事务部统一管理，课程教学部做好辅助和配合工作。

（三）教师保障

学校设置综合活动课程项目开发组，分设项目负责人、执行人、研究员、宣传员等具体工作人员以及具体课程负责教师。在课程教学部的引领下，开展相关研讨、交流和展示活动。同时，鼓励全校学有所长或有相关技能、特长的教师参与课程开发、建设和实施工作。

"中国传统文化之二十四节气"
综合实践活动课程校本化实施方案

浦东新区惠南小学　欧阳坤

一、背景分析

2017 年中共中央办公厅、国务院办公厅印发了《关于实施中华优秀传统文化传承发展工程的意见》，并发出通知，要求各地区各部门结合实际认真贯彻落实。该意见指出：文化是民族的血脉，是人民的精神家园。文化自信是更基本、更深层、更持久的力量。中华文化独一无二的理念、智慧、气度、神韵，增添了中国人民和中华民族内心深处的自信和自豪。

《中小学综合实践活动课程指导纲要》（以下简称《纲要》）指出，将优秀传统文化转化为学生感兴趣的综合实践活动课程，是确立青少年文化自信的重要内容。

中华优秀传统文化由实践而生，必然由实践来传承和发展，两者的结合在精神层面、生活层面、实践层面有着内在的学理逻辑。将优秀传统文化融入综合实践活动，使得传统文化的学习得到极大延伸，有利于青少年在真实的学习、生活和情感表达中得到文化浸润。

（一）学校资源

1. 校园国学文化

校园文化环境建设以"国学"为特色，孔子像、诗词灯柱、五园命名、国学长廊，过道墙上悬挂着唐诗、宋词、元曲、明清小说、古代教育家、古代科学家的介绍版面等，无不透露出古色古香的韵味，潜移默化地提升学生审美情趣。

2. 数字"慧谷农场"

我校着力打造数字"慧谷农场"，是集数字科技与农业一体的劳动实践基地，让学生通过数字农场资源，探究节气与农作物的关系。

（1）学生在"慧谷农场"进行劳动的活动中，了解事物的来源，不仅可以让学生劳有所得，劳有所成，也可以得到耕耘的快乐和收获的乐趣，体验劳动创造美好生活、劳动创造世界的全部过程，形成良好的劳动习惯和价值观。

（2）学生在"慧谷农场"进行的一系列数字科技主题研学活动，通过先进的农业技术研究植物生长与环境的关系，多形式地探索节气与农作物、气候之间的联系。学生在学习先进的智慧农业技术、数字化种养与劳作的过程中，充分认知自然，体验现代科技和农业自动化设备的作用与影响，取得劳动与探究的收获，与同伴感受和共享农业科技成果。

（二）课程基础

1. 国学课堂

学校利用双周周三下午的校园文化时段扎实开展诵读课，利用学校编写的《国学课堂》教学用书创作了微课视频，像四年级《国学课堂》视频分为如下板块：理解诗题、知道诗人、学习字词、明白诗意、感悟诗情、感情吟诵、古诗今唱。学生在视频的教学引领下认真吟诵古诗词，体会"最是书香能致远，常吟经典愈馨香"的无穷乐趣，并积淀自己的文学常识和文学修养。

2. 朗读亭

诵读与二十四节气有关的诗句：朗读注于目，出于口，闻于耳，记于心，我校充分利用朗读亭功能，带领学生走进朗读亭。通过诵读与节气有关的诗词，探寻节气智慧，提高欣赏自然之美的能力，读懂大自然说给人类的语言，同时提高学生诵读的兴趣，增进表达能力，增强自信心。

（三）学生基础

我校国学氛围浓厚，学生具备国学认知基础，对中华传统文化有一定的认识与了解，并有浓厚的兴趣，能体会到中国传统文化的博大精深。但是缺乏实践基础和主动探究意识，需要教师在日常活动中进行有效指导，促进探究能力的提升。

二、课程目标

1. 根据办学理念"惠人惠己 成人成才",以"全面完善学校课程体系、全员加强课程实施能力、全力提升教育教学质量"为课程建设总目标,全面开展与二十四节气有关的综合实践活动。

2. 以"丰富经历、惠益身心"为行动理念,坚持五育并举,打造多元的,有特色的惠益课程,实现学校课程建设质的飞跃。

3. 通过查阅、讨论、交流等方法,了解"二十四节气"中吃的学问、气象特色、农事活动、传统习俗、古诗词等知识,丰富学生的知识储备,感受二十四节气的魅力。

4. 能够说出二十四节气的名称,了解二十四节气的来历、习俗以及意义,背诵关于节气的歌谣、农谚以及古诗词,体会人与环境、动植物与环境的依存关系。

5. 在探究实践活动,通过多种感官近距离感知二十四节气。在亲自动手制作美食、绘制节气图画等过程中,感受中国传统文化的博大精深。在自主探究、合作交流中了解探究的基本方法,增强学生自主发展的信心。

6. 建立"知识来源生活、运用于生活"的认识,激发对中国传统文化的学习兴趣,培养民族自信,文化自信。

7. 通过实践活动,培养学生参与实践、合作、展示、交流等能力,培养学生对中华优秀传统文化的热爱,增强民族自豪感,坚定文化自信,提升智育水平。

三、课程内容

(一)二十四节气活动架构

"1+4+6":一个节气,四个主题,六个活动为主线进行开展。

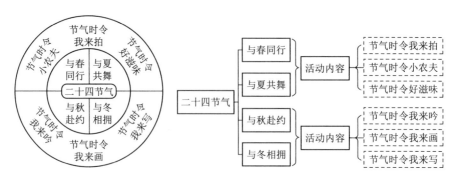

（二）二十四节气课程内容

惠南小学二十四节气课程内容安排

第一学期			
主题	节气（12）	课时（16）	综合实践活动内容
与春同行	立春（2月4日） 雨水（2月19日） 惊蛰（3月6日） 春分（3月21日） 清明（4月5日） 谷雨（4月20日）	7	1. 节气时令我来拍：在每个节气，定点定时拍摄同一自然景观，呈现出节气的变化。 2. 节气时令小农夫：观察记录蚕宝宝从孵化到结茧全过程。 3. 节气时令好滋味：按节气习俗学做美食。
展示活动	现场交流展示	1	节气时令我来秀
与夏共舞	立夏（5月6日） 小满（5月21日） 芒种（6月6日） 夏至（6月21日） 小暑（7月7日） 大暑（7月23日）	7	1. 节气时令我来拍：在每个节气，定点定时拍摄同一自然景观，呈现出大自然的变化。 2. 节气时令小农夫：亲自参与玉米的种植过程，观察记录玉米的生长过程。 3. 节气时令好滋味：按节气习俗学做美食。
展示活动	现场交流展示	1	节气时令我来秀
第二学期			
主题	节气（12）	课时（16）	综合实践活动内容
与秋赴约	立秋（8月8日） 处暑（8月23日） 白露（9月8日） 秋分（9月23日） 寒露（10月8日） 霜降（10月24日）	7	1. 节气时令我来吟：收集、诵读与节气相关的古诗美文，传承传统文化。 2. 节气时令我来画：绘制与节气相关的动植物。 3. 节气时令我来写：写节气观察日记、专题活动习作等。
展示活动	现场交流展示	1	节气时令我来秀
与冬相拥	立冬（11月8日） 小雪（11月22日） 大雪（12月7日） 冬至（12月22日） 小寒（1月5日） 大寒（1月20日）	7	1. 节气时令我来吟：收集、诵读与节气相关的古诗美文，传承传统文化。 2. 节气时令我来画：绘制与节气相关的动植物。 3. 节气时令我来写：写节气观察日记、专题活动习作等。
展示活动	现场交流展示	1	节气时令我来秀

（三）综合实践活动内容

活动一：节气时令我来拍

本活动主要以摄影的方式直观记录节气变化：选取固定的拍摄地点，在不同的节气中，拍摄同一物象（植物）的照片。让学生以最直观的方式感知物候的变化，在观察中发现节气变化的特点，感受祖国传统文化的奇妙，同时增强学生的探究意识，培养学生的思维力。

活动二：节气时令小农夫

本活动将节气与农事相结合，从种养的角度了解节气知识。亲自动手种养，给自己种养的动植物留个影。通过在"慧谷农场"亲子参与种植活动，让学生了解二十四节气带给农事生活的影响，加深对祖国传统文化的热爱。在实践过程中，不断提高亲子协作的能力和动手实践操作的能力，从而使学生形成合作意识，促进培养自主探究的意识与创新能力。

活动三：节气时令好滋味

在传统饮食文化中每个节气中都有相应的特色食品，本活动将节气与健康饮食结合，引导学生从养生和民俗的角度了解节气知识。学生不但可以尝试学做这些食品，而且还能学习到传统的养生理念或民俗特色。

活动四：节气时令我来吟

本活动主要引导学生诵读积累与对应节气相关的优美诗文，从中了解二十四节气农事文化的精妙，在习得节气知识的同时，传承古老的民族智慧，提升文学素养。

活动五：节气时令我来画

本活动将节气与艺术相结合，通过不同艺术形式创作不同风格的作品，来表达对节气的喜爱。与此同时，引导学生运用、整合、梳理已学的跨学科知识，提升绘画综合能力，潜移默化地培养学生的创新思维，提升学生的审美。

活动六：节气时令我来写

本活动顾名思义就是让学生将自己在节气学习中的发现、收获用文字的方式记录下来。将二十四节气观察实践活动与文字记录紧密结合，给学生创造实践写作的机会，鼓励学生在活动中养成记录的习惯，培养语言文字的积累与运用能力。

四、课程实施

二十四节气综合实践活动课程是主要在校内课后服务时间段或者社团活动时间开展，通过与科学、道法、语文、美术等学科进行整合学习。通常情况下，一年时间完成32课时任务，每学期各16课时，其中有2课时为交流展示活动，每周1节为适宜。活动课程具体可分为以下几个活动阶段：

（一）**启动阶段**：本环节主要告诉学生节气的名称，时间节点以及"三候"现象，每个节气都有各自不同的气候特征和特殊现象，从而可以加深学生对节气的了解。目的是让学生观察了解每个节气中"三候"的特点，为下一阶段感知身边的节气变化打下基础。接下来学生进行自由组合，成立小组，围绕节气主题讨论策划活动，组内自由分工。

（二）**实施阶段**：以单元为主题，在组长的带领下，小组成员根据计划表有条不紊地分工合作，开展活动实践。活动过程中，及时记录活动中的数据，积累多类型的过程性资料。

（三）**展示阶段**：当一个主题单元活动（一季）结束后，小组成员们围绕单元活动主题开展一次班级或全级段的大型综合实践展示活动。各类学习活动成果展示可以通过现场交流展示的方式进行。一般可分为以下几类展示：种养成果展示、美图摄影展示、美食成果展示、美文作品精选，并对每组成果突出的学生授予"农技师""摄影师""美食家""艺术家""小作家"等称号。

五、课程评价

对于学生的评价，既要注重质的评价，也要注重量化的评价，最终将过程性评价和终结性评价两者结合，进行多元评价。

（一）评价内容多样

学生评价从节气认知、节气参与、节气发现、节气创新、节气劳动、节气养生、节气诗词多个方面进行，教师评价从节气提醒、活动设计、课堂教学多个方面进行。多样化的评价内容也可以推动课程顺利实施。

（二）评价方式多元

采用自评、互评、师评的方式，借助评价量表、满意度测评进行终结性

小学综合实践活动的
设计与实施 xiaoxue zonghe shijian huodong
de sheji yu shishi

评价。结合不同的主题，通过开展各项节气课程成果展进行表现性评价，推动二十四节气文化的有效传承。也可以依据实际情况，将实践内容与活动进一步细化后，再适当调整评价标准，使得评价效果更具有价值和意义，对学生起到教育实效。

（三）评价主体多层

课程实践中分别从教师、学生多个层面进行评价，对教师和学生的评价是针对个体层面的评价，学校内部和学校外部的评价是针对学校层面的评价。评价主体多层，促进全校上下形成合力，保障课程有效实施。

六、课程保障

（一）师资保障

组建传统文化之二十四节气综合实践活动项目组，小组成员涉及多学科、多年段、多岗位，这样的成员组织有助于提升项目组团队活力，促进课程资源的开发与实施。

（二）专业保障

从教师的实际需要出发，运用可利用资源，提供相关专业培训。定期举行案例分享交流活动，促进优秀经验分享，积累课程成果，实现教师与课程一同成长。

（三）经费保障

加大课程建设的资金投入，确保教师培训、教育科研、课程开发以及学生活动等各项工作的顺利开展。

"走近闻天"综合实践活动课程校本化实施方案

浦东新区惠南小学　林是祺

一、背景分析

惠南小学（以下简称"惠小"）坐落于浦东新区惠南镇，离"闻天故居"仅20公里，修缮一新的闻天故居曾是我校诸多学生受教育的基地，浓浓的人文精神感染着一代又一代的惠小人。张闻天是我校第十一届毕业生（1912—1915），作为百年老校的惠南小学，我们以曾经培育了一代伟人张闻天而感到无尚光荣和骄傲，同时也深深感到传承和光大校友张闻天的崇高品德是我们惠小人应尽的义务，学习和发扬校友张闻天的伟大精神是我们惠小人应尽的责任。

我校作为一所百年老校，学校硬件设施齐全，建有闻天长廊、校史馆等红色氛围浓郁的场所；教学质量过硬，教师专业水平较高，能指导学生进行实践活动的学习；学生全面发展，活泼、大胆，见识较广，敢质疑、擅表达，有较强的求知欲和创新意识；大部分家长对教育的理解有深度，支持学校工作，能适时对学校提出合理化建议。综上所述，无论是惠南小学厚实的历史文化底蕴，还是从设施、师资、学生家长等方面的考量，都适合进行综合实践活动课程的开发实施。

小学综合实践活动的
设计与实施 xiaoxue zonghe shijian huodong
de sheji yu shishi

二、课程目标

围绕校友张闻天的生平、经历、故事，通过阅读、绘画、写作、课本剧表演、实地参观考察、人物采访等形式开展综合实践活动课程。以小见大，用"走近闻天"这位伟人，来追寻红色文化、感悟红色精神，将红色血脉辐射到每位学生的品德、情感态度、价值观、艺术能力、学习生活、爱好特长等各方面，在学校、家庭、社会等多方的共同参与指导和支持下，调动激活学生的兴趣和潜能，让学生多层次、多方面、多角度地开展自主活动、亲身实践、深度探究，多方交流、积极互动，扎实有效地提高学生核心素养，以德育为主，四育为辅，帮助学生全方位多维度地发展。

主要目标：

1. 通过阅读、搜集、了解张闻天的生平，学习张闻天身上的优秀品质，提高个人优秀道德品质。

2. 知道张闻天是我们的校友，增强认同感与归属感，浓厚学校人文氛围，传承红色血脉。

3. 通过参观闻天长廊、校史馆、闻天故居，增强活动意识，也提高爱护设施的德育情操。

4. 以丰富多彩的主题活动为载体，让学生参与其中，体验、收获、成长，逐渐增强探究意识，自我意识，培养热爱国家、热爱学校、热爱生活的态度。

5. 寻找家长、社区等相关资源，邀请社区以及家长们共同开展、参与活动。通过家校社三方协同合作，进一步推动与弘扬闻天精神。

6. 以"走近闻天"作为实践的载体，在实践过程中学会综合运用跨学科知识，突出整合学科知识、突出综合实践能力，突出规则意识和关键技能的学习。

三、课程架构与内容

（一）课程主题架构

在党的教育方针、国家课程实施计划的号召下，为尊重学生个性发展与文化需求，充分利用学校的文化积淀、优厚的学校资源，我校以"校友张闻天"的故事为载体，教会今天的学生应该怎样做事和怎样做人。在故事教学中广泛传播中华民族的博大精神，在主题活动中让学生感受伟人崇高的人格品质，在实践课程的引领下努力做到"惠人惠己　成人成才"。同时，该课程的实施，是为学校构建富有特色的实践活动课程的需要，也是"弘扬闻天精神，塑造大气人格"的需要。

在原有的校本课程资源的基础上，按照《中小学综合实践活动课程指导纲要》的要求，设计、开发"走近闻天"综合实践活动课程。此类活动课程的实施与开展，旨在培育学生爱国爱校的大情怀，引导学生乐于探究、善于创新和敢于实践，鼓励每一位学生积极动脑思考、勇敢质疑探索，逐步提高学生的综合能力与核心素养，以此激励惠小师生不断进取，自主发展，为打造"惠"教育品牌奠定坚实的基础。

（二）内容设计纲要

在"家校社"的依托下，以"张闻天"为载体和共识资源，成立惠南小学"综合实践活动课程"项目开发组，共同研究与规划《走近闻天》综合实践活动各年级的校本编写和主题设计。同时结合学校两类课程架构，完善综合活动课程体系，开展一系列主题活动。精心编写《我的校友张闻天》一书，根据各个年级的特点与认知水平，设计该学段需要达成的闻天品质，并完成阅读卡的记录（低年级以"说"为主，高年级以"写"为主）。在完成校本阅读的基础上，以小组为单位开展主题式活动，将各个主题的综合实践活动与"红色教育"相结合，使学生在活动中学会"听说读写"等基本技能；在实践中发展"设计、采访、表演"等高阶技能。

四、课程实施

（一）编制学校综合实践活动课程方案

根据《中小学综合实践活动课程指导纲要》、惠南小学"惠益课程"纲要以及学校课程发展实际需要，从本校五个年级学生的年龄特点与实际需求出发，编制学校综合实践活动课程方案。选取与张闻天相关的内容作为综合实践活动的主题，将这些活动与多学科整合，体现综合课程的特点，并能够在实践活动中培养学生的相关能力。在探究校友张闻天的基础上，对课程目标进行升华，弘扬中华民族的红色精神，将红色基因传承到新一代的小学生身上。

小学综合实践活动的
设计与实施
xiaoxue zonghe shijian huodong
de sheji yu shishi

《走近闻天》
——综合实践活动各年级主题一览表

年 级	校本学习内容	主题活动	阶段具体目标
一年级	1. 张爷爷生气了 2. 张闻天爷爷的房间 3. 一个鸡蛋小冬燕"告状" 4. "我也是普通的一员"	我想对您说 （课堂活动） 漫步闻天长廊 （课外实践）	• 学习校友张闻天身上"诚实守信、勤俭节约"的好品质。 • 培养热爱读书的好习惯。 • 熟悉学校的闻天长廊等设施，感受校园美。
二年级	1. 一个木屑炉 2. 惜时如金 3. 收养小倩 4. 舅舅的爱 5. 二分钱与四万元 6. "我是农民的儿子" 7. "人家能乘，我就不能乘"	我想为您画 （课堂活动） 徜徉校史展馆 （课外实践）	• 学习校友张闻天"勤俭节约、为集体着想、珍惜时间、热爱劳动"等好品质。 • 能主动关心身边有困难的小朋友，献出自己的一份爱心。 • 熟悉校史馆，自觉做到爱护设施。
三年级	1. 小周是为我累的 2. 免费求学 3. 一杯油爆虾 4. 不必扔掉 5. "还是叫我老张吧！" 6. 有本事就去考 7. 不要说"慕名" 8. 家乡的布鞋	我想为您唱 （课堂活动） 追寻闻天足迹 （课外实践）	• 学习校友张闻天"勤俭节约、热爱学习、尊老爱幼、关心他人"等好品质。 • 能向家长或伙伴讲一个张闻天的小故事。 • 举行一次学习校友张闻天的小队活动。
四年级	1. 我是农民的儿子 2. 不必扔掉 3. 国而忘家 4. 你又多了个亲戚了 5. 首先关心的是书 6. 我们都是人民的勤务员 7. 我有"后门"也不能给你开 8. 一盒朱古力糖 9. 因为我没有路	我想为您写 （课堂活动） 探访红色人物 （课外实践）	• 感悟并学习张闻天勤俭节约、平易近人、热爱劳动、求真务实等精神。 • 写一封给闻天爷爷的信 • 进行一次红色人物的探访活动，写好活动感受。
五年级	1. 有志不在年高 2. 国而忘家 3. 被迫离川 4. 一个泥圆子 5. "爸爸在新疆放马" 6. 一条"新"裤子 7. "不必老看小说" 8. "为什么我的孩子不能当农民" 9. 只要为党工作 10. "我是个普通读者" 11. "你们去睡吧"	我想为您演 （课堂活动） 续写红色传奇 （课外实践）	• 了解张闻天一生的革命经历，了解他为中国革命奉献了一生，感悟我们今天的幸福是来之不易。 • 尝试编写课本剧剧本。 • 举办一次课本剧展示活动。

（二）教学时间

1. 每周一节专题教育课，开展实践活动。

2. 结合午会课、班会课，将综合实践活动课程与雏鹰争章、社会实践活动有机整合。

3. 利用节假日、寒暑假等时间，开展小组合作学习，进行实践活动。

4. 依据实际情况，每学期以年级为单位开展一次"走近闻天"综合实践课程活动展示。

（三）活动方式与组织

1. 活动方式

① 阅读写作活动：（完成阅读卡片记录、写信）

② 设计制作活动：（绘画、海报）

③ 参观寻访活动：（参观闻天长廊、校史馆、闻天故居、红色人物访谈）

④ 角色扮演活动：（小品、课本剧等）

《走近闻天》
——综合实践活动阅读卡设计

低年级记录卡：

小学综合实践活动的
设计与实施 xiaoxue zonghe shijian huodong
de sheji yu shishi

中高年级记录卡：

2. 活动组织

① 班级集中活动

以课堂教学的形式开展校本学习，按照活动计划开展课外实践活动。活动内容安排为学生集中教学《我的校友张闻天》一书，围绕每一小课题开展主题研讨与交流活动，完成阅读卡的填写。每周一次的专题教育课，由各年级的执教教师根据课程总目标和分目标，围绕主题，组织学生有序开展综合实践活动。

② 小组合作活动

小组合作研究的形式是学校开展综合实践活动课程的主要组织形式，小组的规模一般在5—10人，提倡自愿自主结合。小组结合可采用不同的组合形式。以小组为单位，每个年级于每学期中下旬开展一次相对应的主题活动，以展览、演出、比赛等形式呈现。

③ 跨班级交流活动

在每学期的主题活动展示活动中，同年级不同班级间可以根据"挑战""合作""辩论"等形式进行活动；不同年级不同班级可以根据"小手拉大手"互帮互助的形式开展活动。

五、课程评价

　　课程评价是指根据一定的标准，结合综合实践活动的特点，以科学的方法检验课程的目标、编订和实施是否实现了教育目的，实现的程度如何，以判定课程设计的效果。根据评价的结果，帮助课程改进、促进执教者反思、推动学生进步。"走近闻天"是将红色文化融入综合实践活动的一门课程，在评价时应以两者整合的程度和质量作为评价标准。当然，我们在评价时不能只注重学习成果，而要更注重实践过程。也不能用单一的终结性评价方式贯穿始末，应根据红色文化教育的需要和主题活动的特点，灵活多样地选用各种评价方法。在设计评价方式时，建议低年级可采用观察、访谈、问卷、建立成长档案袋等；高年级宜多采用考察记录、描述性评语、达成水平评价、学生自评与互评等评价方式。

（一）评价原则

1. 主体性原则

　　学生是综合实践活动的主体，活动的主要动力来自学生的自主性，学生对自己在综合实践活动中的表现具有绝对的发言权。所以，在评价中应自始至终贯彻教育主体性思想，以学生为出发点，在评价中将学生的主体地位落到实处。学生评价是对课程实施效果最真实有效的反应，满足学生的学习需要，被学生认同，才会促进学生的发展，真正发挥评价应有的功能。

2. 过程性原则

　　传统的课程较多地注重学生的学习成果，而综合实践活动则特别强调评价的过程性。综合实践活动课程的评价，既是对过程的评价，也是在过程中评价。要实现课程目标，提高课程质量，理应关注其活动的内在价值，关注其活动的过程本身，关注学生的参与态度、解决问题的能力和创造力以及获得的直接经验，即对学生的认知、思维、情感、态度、方法等方面的评价。

3. 综合性原则

　　综合实践活动从目标上看，强调态度、能力、知识的综合性培养，不仅关注学生知识技能和智力的发展，同时关注学生的情感体验、态度养成和价值观确立；从内容上看，是以学生的心理水平、学习兴趣、社会生活以及跨学科的综合性知识为中心，强调学科间的联系，知识的综合运用以及综合能力的培养；从活动方式来看，综合实践活动课程强调一切有利于学生活动的积极性和探索欲望的活动形式，强调各种感观的参与和各种心理能力的投入，强调活动形式的丰富多样与灵活多样。因而综合实践活动课程的评价要遵守综合性原则，综合地运用各种方法对其进行评价，达到开设综合实践活动的目的。

4. 真实性原则

教育的真正价值"不仅在于学生在学校情境中的表现，更在于学生在非学校情境中的表现，在于学生解决真实生活中的真实问题的能力"。传统课程评价重认知轻情感，重知识轻能力，重理论轻实践，重再现轻创造，缺乏与真实生活情境的联系性和相似性。因而评价设计应具有真实性和情境性，使学生在真实情境中表现出对现实生活的领悟能力、解释能力、创造能力，表现出他们的情感、态度和价值观，并以此作为对学生的综合实践活动进行评价的基础。

（二）评价内容

1. 学生（分为低年级和高年级）

① 争章评价：与学生的争章活动相结合，设立阅读章、讲解员章、表演章。

② 活动手册评价：设计学生活动手册，记录实践过程与收获，也是活动过程、成果的记录册。采用自评与互评的方式进行多维度评价。

③ 竞优评价：通过师评、互评，展示活动，每月评选出小达人，予以表彰。

《走近闻天》

——综合实践活动低年级学生活动问卷

活动问卷

亲爱的小朋友们，不知不觉我们已经和"校友张闻天爷爷"相伴了一个学期啦！现在，请你和爸爸妈妈一起说一说，这个学期你都有哪些收获吧！

1. 在课程中你能做到遵守纪律、有序实践吗？

A. 能　　　　B. 一般　　　　C. 不能　　　　D. 不知道

2. 在课程中你能做到认真倾听、积极交流吗？

A. 能　　　　B. 一般　　　　C. 不能　　　　D. 不知道

3. 在课程中你能做到热情参与、有效合作吗？

A. 能　　　　B. 一般　　　　C. 不能　　　　D. 不知道

4. 在课程中你印象最深刻的是哪个小故事？

《走近闻天》
——综合实践活动高年级学生活动评价表

活动评价表

学生姓名：		活动主题：			
标　准	**内　容**	**自　评**	**互　评**	**师　评**	**家长评**
行规表现	遵守纪律　文明实践	☆ ☆ ☆ ☆	☆ ☆ ☆ ☆	☆ ☆ ☆ ☆	☆ ☆ ☆ ☆
交流表达	认真聆听　善于表达	☆ ☆ ☆ ☆	☆ ☆ ☆ ☆	☆ ☆ ☆ ☆	☆ ☆ ☆ ☆
协作意识	积极参与　有效合作	☆ ☆ ☆ ☆	☆ ☆ ☆ ☆	☆ ☆ ☆ ☆	☆ ☆ ☆ ☆
实践能力	学会思考　自主探究	☆ ☆ ☆ ☆	☆ ☆ ☆ ☆	☆ ☆ ☆ ☆	☆ ☆ ☆ ☆
活动成效	深入感受　愿意分享	☆ ☆ ☆ ☆	☆ ☆ ☆ ☆	☆ ☆ ☆ ☆	☆ ☆ ☆ ☆
成果展示	敢于创新　乐于展示	☆ ☆ ☆ ☆	☆ ☆ ☆ ☆	☆ ☆ ☆ ☆	☆ ☆ ☆ ☆
总体评价	☆ ☆ ☆ ☆				
备　注	请根据实际情况，给☆涂色。 4☆：优秀；3☆：良好；2☆：合格；1☆：须努力。				

2. 教师

在评价时要包含教学活动课程设计、组织与实施、教学效果、经验总结等，特别是教师角色的定位，考量教师是否成为学生学习的激励者、组织者和辅导者，是否成为学生综合能力和良好品质的培养者。同样采取自评、生评、校评三方面。

教师评价表

教师姓名：

	评价内容	生评	自评	校评
教学设计	熟悉综合实践课程的校本课程，能根据不同的教学主题设计相应的实践活动。			
教学实施	了解和尊重学生，指导学生在综合实践活动中积极参与，提高能力；尊重学生，关注全体，因材施教；能按时保质地完成教学任务。			
教学效果	能充分调动学生学习的积极性，优化教与学方式的转变，提升活动实效，培养学生的创新精神和实践能力。			
教学反思	能在教学后及时反思，在学生实践后改进教学。			
综合评定	请根据实际情况，优秀；良好；合格；须努力			

小学综合实践活动的
设计与实施 xiaoxue zonghe shijian huodong
de sheji yu shishi

3. 学校

主要体现在校园文化建设是否完善；红色文化氛围是否浓郁；还包括课程实施效果、课程目标是否达成、学生的发展情况、学生的满意度、学生的收获及家长对课程的满意度。

六、课程保障

（一）经费保障

学校设立"综合实践活动课程"建设开发项目组专项经费，用于每学期相关课程开发建设，由项目组负责人统一管理，学校财务部门实际操作。合理使用经费，定期对课程设施的硬件环境进行维护和扩充，根据课程需求添置教学用具和营造教学氛围，并对在课程建设中有突出成绩的教师和教研组进行专项奖励。

（二）硬件保障

闻天长廊、校史馆等场地资源定期进行维护；课程教室环境与氛围布置专人设计；多媒体设备资源定期更新。课程教学部与其他相关部门做好协助工作，配合完成相关活动。

（三）教师保障

学校设置综合活动课程项目开发组，设立项目负责人、专项研究员、宣传员等负责教师。在课程项目开发组的组织下，搭建交流与展示的平台。同时，积极激励有特长的教师参与、开发课程的建设与管理工作。

"15分钟幸福圈"综合实践活动课程校本化实施方案

浦东新区惠南小学　张　婷

一、背景分析

2021年7月，中共中央办公厅、国务院办公厅印发了《关于进一步减轻义务教育阶段学生作业负担和校外培训负担的意见》，对课后作业的总量和时长做出明确缩减要求，同时要求提升学校课后服务质量，满足学生多样化发展需求。在"双减"背景下，如何设计课后服务课程机制，进而达到促进学生健康成长和可持续全面发展的目标是亟待解决的问题。"双减"政策出台的目的是通过加强学校教育，提高学校教学课堂质量，优化作业布置，提升课后活动质量，减轻学生的课余负担。其中，课后服务是学校教育教学的重要组成部分，是激发学校办学活力的重要途径，是落实"五育"并举的重要载体。中小学生课后服务是市委民心工程，以服务学生、家庭和社会为宗旨，学校充分利用管理、人员、场地、资源等方面优势，主动承担起学生课后服务的责任，切实解决学生课后教育管理问题，更公平地惠及广大人民群众，促进学生全面发展、健康成长。

"双减"政策下少先队教育也迎来了发展机遇。惠南小学少先队按照队员就近就便的原则，整合学校辐射区域内的红色、教育、文娱、体锻等实践资源，打造学校课后服务"15分钟幸福圈"的实践研究，丰富了惠小少年"双减"后的课余幸福生活，构建起了惠小少先队社会化工作格局。通过惠南小学课后服务"15分钟幸福圈"的实践研究，奏响幸福生活"三部曲"，

小学综合实践活动的
设计与实施 xiaoxue zonghe shijian huodong
de sheji yu shishi

引领惠小的少先队员体验快乐、追求成功、实现价值，提升队员的幸福感知力和幸福创造力。自"双减"政策实施以来，我校课后服务实施情况整体良好。考量学生个人需求和实际情况后，学校课后服务安排内容定为：学科作业的辅导和艺术、体育、科技三类社团。课程虽然较丰富，但缺失了面向真实生活的社会性实践属性。我们将做好长期准备，不断反思、调整，持续推动跟进与改善。

二、课程目标

1. 与社区共同探索构建有组织、有队伍、有阵地、有活动、有制度的少先队社会化工作体系。以"1+3+10"模式，即 1 份"15 分钟幸福圈"勋章打卡地图，3 大活动类型（角色沉浸式、社区嵌入式、自然体验式）和 10 大幸福教育打卡地，推出更多活动，以此丰富学生的课后服务，为学生提供"双减"后的好去处。

2. 以学校为起点，在主题式综合实践活动中，引导学生在惠小丰富多彩的课后服务打卡线路中了解国情、观察社会、体验生活、砥砺品格、增长本领，培养关键能力。

3. 以课后育人的模式帮助学生更好地发展自己的兴趣爱好，培养学生的社会责任感和创新精神，从而汇聚幸福力。

4. 持续提升课后服务质量和水平，不断增强课后服务的吸引力，促进家校社合力育人，使课后服务成为深化"五育"融合的新载体，培育学生核心素养。

5. 积极设计开展更多元的活动，让参加课后服务的学生更多地体会到来自学校的热情、同龄伙伴的友情和社区的温情。

6. 打造学校特色的新平台，最大程度地满足学生的不同需求，努力推动课后服务升级为"课后育人"。

三、课程内容

（一）全面摸排，资源分析，圈定"15 分钟幸福圈"课后服务实践点

为了给我校少先队员带来"不一 Young"的课后服务活动体验，我校充分依托地域特色，并整合南北校和各年级特点，联合社区一同开展"一学校一社区一地图一护照一特色"主题打卡集章活动，助推"幸福小主人"品牌

建设，打造"15分钟少先队课后服务幸福生活圈"。

聚焦构建"15分钟少先队课后服务幸福生活圈"，我校大队部以上海市红领巾"15分钟幸福圈"争章15事为核心，绘制少先队员专属的红色打卡地图，设计一条课后服务红色打卡线路，推出一个实践争章护照，形成课后服务特色活动，打造惠小少先队员幸福圈。

综合学校参与课后服务的学生数、环境安全、设施条件、天气等因素开展"15分钟幸福圈"课后服务资源的调研归类：惠南小学校史馆、市民家园儿童体验成长中心、古钟园、浦东图书馆南汇分馆、南汇博物馆、南汇孔庙大成殿、南汇古城墙遗址、张闻天故居、上海浦东气象科普馆……在惠小少先队专属的打卡地图上，我校辐射区域的红色、教育、文娱、体锻、职业体验等实践资源都全面地收录其中，串成青少年可阅读、可游玩、可体验的打卡线路，在行走中认识南汇，提升视野。以实践点的研学为中心，向外打开街区研学的实践半径。

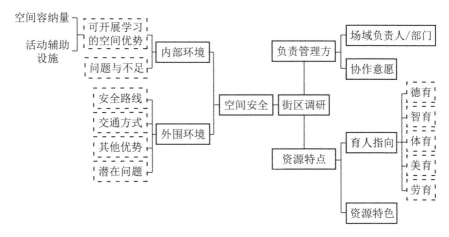

（二）"打卡课后幸福圈　体验生活有感悟"活动架构

在市、区少工委的指导下，我校结合上海市红领巾"15分钟幸福圈"争章15事，推出惠小少先队员实践争章护照，引入南汇地区城管中队、惠南地区消防站等单位作为少先队校外实践基地，拓展社区少先队校外实践联盟"朋友圈"，并设置了组织建设、道德养成、社会实践、文体活动、家庭生活、科普创新、综合能力7大类别。通过专业化、沉浸式的体验，激发惠小少先队员融入社区管理和地区发展的积极性，促进新时代少先队社会化，实现少先队幸福教育。

小学综合实践活动的
设计与实施 xiaoxue zonghe shijian huodong
de sheji yu shishi

　　我校将以小手牵大手参与社区治理为出发点，打造惠小少先队员愿意参加、家长愿意配合、社区愿意支持、逐渐形成常态化社区少先队项目。我校将惠小少先队员生活主阵地画出三个圈——"家庭圈、社区圈、学校圈"，通过海报制作、行动计划、志愿服务等形式进行"微创新、微改造、微治理"项目，让惠小少先队员在项目活动中提升参与社会化活动的能力和素养，并升级活动体验与感悟。

　　除此之外，我校大队部绘制了惠南小学"15分钟幸福圈"吉祥物少先队文创产品。新的少先队文创产品的设计也象征着惠小少年们的生命力和蓬勃的生机。希望惠小少先队员们化身小小的幸福红领巾，活跃在家庭里、学校里、社区里，向上而生，幸福成长。

　　（1）惠南小学"HUI聚幸福力"课后服务打卡护照设计

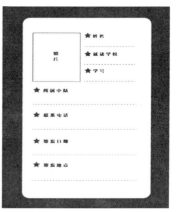

　　（2）惠南小学"HUI聚幸福力"课后服务——手绘地图设计

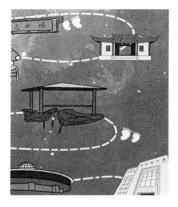

（3）惠南小学"HUI聚幸福力"课后服务——任务单设计

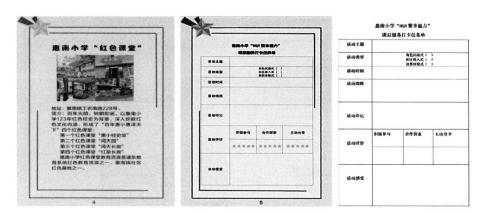

（4）惠南小学"HUI聚幸福力"课后服务——少先队特色章设计

（5）惠南小学"HUI聚幸福力"课后服务——活动评价设计

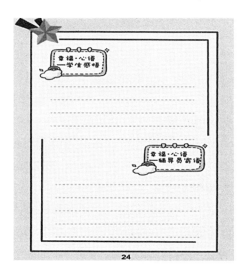

（6）惠南小学"HUI 聚幸福力"课后服务——特色文创产品设计

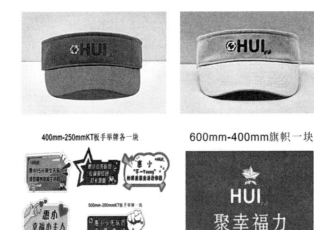

四、课程实施

（一）定位目标，对接纲要，构建"15 分钟幸福圈"课后服务实践图

实施对象：一至五年级参加课后服务的学生

目标定位：了解国情、观察社会、体验生活、砥砺品格、增长本领，培育积极的劳动精神和社会责任感，发展实践创新能力，感知生活的幸福力。

研学主题：组织建设、道德养成、社会实践、文体活动、家庭生活、科普创新、综合能力七大研学主题。

实践路径：依据《中小学综合实践活动课程指导纲要》文件，通过"职业体验""考察探究""设计制作"等活动方式，引导学生自主地、积极地运用已学知识分析解决实际问题，在不同情境中体验、认知，从而掌握不同的技能，提升关键能力。

"职业体验"四大关键要素：选择感兴趣的岗位—做好三类活动的关键要素作为基本实践路径。同一主题下，三类活动各有侧重，彼此融合，构建研学的基本框架。实岗体验准备—践行实岗体验—实岗体验分享。

"考察探究"六大关键要素：发现并提出问题—提出假设，选择方法，研制工具—获取证据—提出解释或观念—交流评价探究成果—反思和改进。

"设计制作"五大关键要素：创意设计—选择活动材料或工具—动手制作—交流展示作品—反思与改进。

（二）年级抱团，"学校＋社区"共构，具体化研学项目群

为活用校内外资源、动态社区场景，围绕主题，由各年级学科教师与对应项目场馆人员组成"学校＋社区"协同团队，从"考察探究""职业体验""审美实践"三类社区实践性项目，并按启动、实施、总结三阶段，设计支持性活动、策略、评价、交流等支架，支持学生深度实践。场馆人员主要协助教师分析与调用社区资源，论证项目可行性。

（三）统筹协作，多方合力，落实社区"15分钟幸福圈"

1. 统筹实践"15分钟幸福圈"

为保证社区实践学习的连续性与充分性，设立周三为"社区实践学习日"。实践学习面向一至五年级课后服务学生，实践活动每周轮流一个年级进行。

2. 家校街协同参与"15分钟幸福圈"

为保证研学安全，促进深度实践，家校街三合一协同组织（见表1）。学校教师由课后服务行政教师和课后服务班级负责教师组成，社区由项目实践点负责人协助，另外还有各班3名爱心家长参与。

表1　社区研学家校街职责

人员	基本职责		
	研学前	研学时	研学后
课后服务班级负责教师	工具、材料等学生研学准备；做好学生的心理、纪律、安全等教育	全面负责有序组织研学	做好安全放学工作；做好研学反馈评价；及时交流研学情况
课后服务行政教师	打卡护照、打卡帽子、打卡旗帜等相关准备	全面协助课后服务班级负责教师组织研学；图像记录研学过程	及时做好当日研学情况整理
实践点负责人	实践点的场地安排、安全排查、研学相关设备、工具的准备	从专业视角协助教师，组织生深度研学；指导学生按场所的基本规范与要求开展研学	及时交流，反馈当日研学情况
3名爱心家长	维护路队出行的安全	一人一研学小组关注，学生的实践安全	协助班主任做好社区的安全放学工作

小学综合实践活动的
设计与实施 xiaoxue zonghe shijian huodong
de sheji yu shishi

五、课程评价

（一）学生活动过程评价

1. 强调全面性，多元立体评价学生活动内容

我们要让评价不再单一，变得更加多元立体；通过制订学生个人过程性评价表，同时开展自评、他评，这样的评价既关注学生具体学习活动的结果，更要关注学生在此过程中每个环节的表现；通过关注评价对象各个侧面的发展变化，即在一个时间段对评价对象若干领域的表现进行不断地比较，借此判断评价对象在该领域的成长和进步，尚存在的优势和不足，明确进一步发展的方向，让评价真正成为孩子成长的助推器和不竭的催动力。

2. 强调过程性，多维度评价学生活动方式

依据学生的不同背景和特点，针对学生的个性特长、兴趣爱好等进行恰如其分的个别评价。对学生的学习评价涉及实施过程的评价，探究结果的评价。评价者包括学生自评、教师评价与家长评价。邀请家长对自己孩子在校的学习情况，分成以下几方面作出评价：

活动项目	满意	较满意	一般	不满意
教师的教学能力				
对孩子关心程度				
师生关系				
孩子在活动过程中的各项表现				

将主题式活动课程开发、活动指导和实践反馈等纳入教师评价体系，注重对教师的师德修养、教育教学行为、教学态度和工作质量的综合性评价。

（二）对活动课程的评价

1. 课程目标与课程方案的审核

包括主题式活动目标是否科学合理、可行；教师的专业素养是否达到课程的要求。学校通过学生访谈、学生随堂问卷调查等形式了解教师的教学态度、教学方法和教学效果，了解学生对该课程的喜爱度，学生的评价将作为评价主题式活动课程的重要指标。

2. 课程实施过程的评价

对活动过程的评价包括对教师的评价与对学生的评价。对学生的评价主要包括学生的团队合作分工、交流文稿撰写、后勤物资资助和参与活动程度等。

3. 课程实施效果的评价

主要评价活动课程目标的达成度、学生的发展情况、学生的满意度以及其他方面的实施效果评价。在课程开展过程中，教师对基于学生活动情况的观察和成果也要进行科学分析，避免教师以模糊、主观的、片面的印象为依据评价学生。

（三）课程专家或社区有关组织和人士参与课程评价

主题式活动课程具有很大的开放性，课程实施的过程中不可避免地要与社会各个方面产生联系。学校每学期一次邀请课程专家或社区有关组织和人士一起参与到课程开发与实施的评价过程。

六、课程保障

（一）制度保障

1. 建立学习制度，明确课程建设的重要性

学校课程建设领导小组、实施小组、评价小组成员先行学习课程建设相关文件，明确课程理念，研读课程标准，充分把握课程建设内涵，提高课程处课程领导力和教师课程执行力。

2. 建立课程审核制度，确保课程开发有序性

制定多项制度，实现对活动课程的引领、组织、管理和调控。实践过程中，学校充分发挥家校联动机制、志愿者服务机制作用，推进活动课程方案有序落实。

3. 建立评价制度，提高课程实施达成度

每个学期通过公平、公正、科学、合理的多元评价，并且采用座谈、问卷、考察等方式对活动课程的实施加以评价。

（二）专业保障

成立家校街协作组，由校家委会、校班子成员、社区干部组成的家校街协作组达成校外课后服务实践的共识。就"15分钟幸福圈"达成理念与实

践的共识签订协议，明确职责与分工。（见表 2 ）

表 2　家校街协作组分工

部　门	职　　责
惠南小学	依据《"15 分钟幸福圈"——"双减"背景下的学校课后服务主题式综合活动课程实施方案》内容，开发课后服务的相关课程，常态组织街区实践点活动，保障实践活动区内的设施安全，及时展示分享实践成果。
惠南各社区	配合学校对接各实践点，协助学校开展社区研学的安全隐患排查；协助学校开展实践成果的展评分享。
学校家委会	协助学校摸排社区资源，对接实践点负责部门协助社区研学实践的具体管理。

（三）经费保障

加大课程建设的资金投入，确保教师培训，教育科研，课程开发，学生活动，设备添置等各项工作的顺利开展。

（四）社区保障

充分利用社区教育资源，丰富学校课程。引导家庭、社区成员关注学校主题式综合活动课程建设，参与学校课程评价，做推进学校课程的参与者、监督者。

"足球嘉年华"综合实践活动校本化实施方案

浦东新区惠南小学　汪　屹

一、背景分析

　　牢固树立和强化"健康第一"的指导思想，落实立德树人根本任务，惠南小学依据"惠人惠己、成人成才"的办学理念、坚持贯彻"体教结合"精神，精心打造"校园足球"特色项目，通过开展足球嘉年华活动推进学校足球特色发展与精品打造，传承我校足球文化传统。

　　《足球嘉年华》活动依据五个年级学生的身心发展特点，设计了五个小主题。通过活动开展，在学习足球技术的过程中融合体育、信科、美术、语文、德育等学科综合元素，为学生提供展示才能的舞台，实现身体素质、艺术欣赏、知识涵养的综合提升，实现学科融合和体育核心素养的培育。展现了"有惠心、能惠巧、得惠美、显惠中"的新时代儿童形象，形成以足球联赛为中心，辐射阅读、写作、艺术创作、综合实践、思想道德建设等方面的、更加丰富的、立体式的、动静结合的校园文化氛围。

二、活动目标

　　1. 通过了解足球知识和参与足球比赛，提高对足球运动的认知和理解，在比赛中提高学生的足球水平和身体综合素质，促进学生全面发展。

　　2. 让学生在活动中获得足球运动带来的快乐，养成与他人积极交流、探讨的良好习惯，培养团队意识和拼搏精神，提高竞争意识和公平意识。

3. 以足球嘉年华活动为载体，培养和发展学生的球感和控制球的基本能力，学习基本的运、传、接、射门等基本技术，培养正确的跑、跳技术，发展身体动作的柔韧性、协调性、灵敏性和平衡能力。

4. 通过比赛领会足球比赛的基本战术思想，培养抬头观察能力和意识，进一步巩固提高学校足球特色。

5. 通过形式多样的综合实践活动实现跨学科整合，让学生提高自主学习、合作学习和探究学习的能力，开发学生的创新思维，培养学生的实践能力。

三、活动架构与内容

（一）活动主题架构

将足球的基本动作和技能分解成具有娱乐性和趣味性的足球娱乐游戏项目，渗透体育教学内容，让学生在娱乐中健身，在健身中掌握足球基本技能和技巧。开展校园足球艺术展演、足球知识竞赛、足球绘画作品展，校园足球活动板报评比等，营造浓厚的校园文化氛围。以足球运动为主题，充分发挥学生的想象力和调动学生的创造性，开展丰富多彩的足球趣味活动和足球交流活动，营造浓厚的校园足球活动氛围。从而呈现"以体强身，提高健康水平；以体辅德，提高道德素养；以体增智，提高文化素质；以体益美，提高审美能力；以体促教，提高教学品味"的特色办学模式，以"一育"促"诸育"，全面推进素质教育工作的发展。

（二）内容设计

以学校特色足球课程为依托，加强对足球嘉年华活动的管理和指导。要认真研究、精心设计、积极探索出符合各年级实际、面向全体学生的内容与方法。要建立健全规章制度，做到组织机构责任明确、实施方案科学有效、活动内容丰富多彩，形成一系列制度化和规范化的活动。

年　级	主　题	相关学科	活动方式			
			实践操作活动	创新探究活动	设计制作活动	职业体验及其他活动
一年级	"惠乐足球"游园活动	体育	√			√
	"惠乐足球"绘画大赛	美术体育	√	√	√	

续表

年 级	主 题	相关学科	活动方式			
			实践操作活动	创新探究活动	设计制作活动	职业体验及其他活动
二年级	"惠乐足球"游园活动	体育	√			√
	"惠乐足球"绘画大赛	美术 体育	√	√	√	
三年级	"惠乐足球"游园活动	体育	√			√
	"惠乐足球"知识手抄报	体育 信科 美术	√	√	√	
	"惠乐足球"班级足球联赛	体育	√			√
四年级	"惠乐足球"游园活动	体育	√			√
	"惠乐足球"知识手抄报	体育 信科 美术	√	√	√	
五年级	"惠乐足球"游园活动	体育	√			√
	"惠乐足球"作文评比	体育 语文	√	√	√	

四、活动实施

（一）编制学校综合实践活动课程方案

根据《中小学综合实践活动课程指导纲要》、惠南小学"惠益课程"纲要以及学校课程发展实际需要，从本校五个年级学生的年龄特点与实际需求出发，制定学校综合实践活动课程方案，选取与足球相关的内容作为综合实践活动的主题，将这些活动与多个相关学科整合，体现跨学科的特点，能够在实践活动中培养学生的关键能力。

（二）教学时间

1. 每周一节的足球课、下午的阳光体育活动时间段，开展实践活动。

2. 利用课后放学时间，进行小组合作、探究学习，进行种类多样的实践活动。

3. 根据不同年级的学情，开展种类不同的综合实践活动，力求做到综合性、科学性和针对性。

4. 各年级开展时间：

（1）启动仪式：10月16日升旗仪式

（2）"惠乐足球"游园活动（一至五年级）：10月

（3）足球文化美术、征文活动

① "惠乐足球"绘画评比（一、二年级）：11月

② "惠乐足球"知识手抄报评比（三、四年级）：11月

③ "惠乐足球"征文活动（五年级）：11月

（4）"惠乐足球"班级足球联赛（二、三年级）：12月

（5）闭幕式（12月）：宣布各项活动的名次，进行表彰奖励

（三）活动方式与组织

1. "惠乐足球"游园活动（一至五年级）

（1）曲线运球（4男4女）

游戏方法：30米正方形场地，每组一个球，游戏开始，每组第一名队员用脚背正面运球通过所摆放的标志桶到终点的圆圈内后，带球直线返回，交给下一个队员。后面同学依次进行，直至所有参赛队员完成。每个年级取所用时间最短的六名。

（2）足球射门（4男4女）

游戏方法：30米正方形场地，每组一个球。游戏开始，每组的第一名同学定点用脚内侧射门技术对准场地中间的球门进行射门练习，每人仅限一次机会。取命中率高的前六名。

（3）赶猪接力（4男4女）

游戏方法：30米正方形场地，每组一个球，一个接力棒，每组第一名同学用接力棒去推足球的后侧，从起点开始滚到对面标志物处并绕过，回到起点。每个年级取所用时间最短的六名。

2. "惠乐足球"绘画大赛（一、二年级）

活动要求：

（1）以班级为单位进行"惠乐足球"联想画的创作。

（2）自备8K或4K画纸，绘画材料工具不限（蜡笔、水彩笔、水彩、水粉、钢笔、毛笔、黑白、彩色不限）。

（3）突出中心，以"惠乐足球"为主题，充分发挥想象，画面内容饱

满、丰富。

（4）每班精选 3—5 幅作品由美术老师统一收，交至美术组。

3."惠乐足球"知识手抄报（三、四年级）

活动要求：

（1）有关足球的历史、知识、信息、球星，以及体育保健知识等方面的相关信息。

（2）能运用手抄报的形式展示、手抄小报要设计美观、图文并茂；要有小报的名称，编者和日期，可以用电脑制作。

（3）每班精选 3—5 幅作品，由班主任收齐，交至教导处。

4."惠乐足球"作文评比活动实施方案（五年级）

活动要求：

（1）通过自己认识、参与学习"足球运动"，联想、体会足球运动带给我们的体育精神为主题（足球队员可写自己的足球自传，要求谈一谈对足球看法和足球带给自己的好处，以及自己的努力方向），进行讨论写作。

（2）题目自拟，主题明确、具体，字数 300 字以上。

（3）每班精选 3—5 篇作品，由语文老师收齐，交至教导处。

五、课程评价

1. 获奖评价：活动以比赛的形式进行，分一、二、三等奖励。

2. 活动手册评价：设计惠南小学学生活动手册，记录实践过程与收获。它也是活动过程、成果的记录册。采用自评、互评与师评的方式，有目的地进行观察与即时反馈，根据学生表现，引导后续改进。

3. 竞赛评价：通过各班级活动比赛所得积分进行排名，予以表彰。

评价维度	观察点	评价要点	评价结果
运动能力	技能	能够运用各种已学的足球技术运用到活动比赛中，积极参与活动，知道活动的规则。	☆☆☆☆☆
	品德	能按照规则参与活动，积极与他人交流，表现出诚实守信的行为，在活动比赛中勇敢顽强，不怕困难，体现坚持到底的精神品质。	☆☆☆☆☆
探究能力	查阅	学会多种查阅资料的能力，对收集的资料能够进行整理、筛选。	☆☆☆☆☆
	讨论	能与同伴积极讨论，与同伴相互鼓励。	☆☆☆☆☆

小学综合实践活动的
设计与实施 xiaoxue zonghe shijian huodong
de sheji yu shishi

续表

评价维度	观察点	评价要点	评价结果
制作能力	创新	能有自己的主见和想法，并将想法注入到作品中。	☆ ☆ ☆ ☆ ☆
	成果	能独立或合作完成作品，能清楚地阐述自己作品的含义。	☆ ☆ ☆ ☆ ☆
总体评价		☆ ☆ ☆ ☆ ☆	

六、课程保障

（一）规范管理，制度保障

师资配备：学校高度重视体育教师队伍建设，配备体育专职教师 23 人，至 2017 学年起，学校外聘五位足球教练携手学校足球项目组全力打造足球嘉年华。

工作量管理：根据《惠南小学工作章程》，体育教师所从事的体育教学纳入工作量，足球训练及活动按照教师课时计算，纳入绩效管理。

场地设置：学校按要求设置体育场地，南北校分别有 7 人制、5 人制的足球场地。避免夏日暴晒，添置夜间训练灯光照明，制定了《惠南小学体育器材管理制度》，不断完善体育室、器材室等配备。

经费保障：下拨足球专项经费，做到专款专用，定期维护足球场，添置训练器材，购买服装等。

（二）严控质量，提高水平

学校外聘五位足球教练携手学校足球项目组全力配合足球嘉年华活动，与学校体育组一起进一步加强校足球课的管理与练习。教练明确分工，各尽其责，团结合作，不断地提高足球水平。确保每班每周 1 节足球课，每个年级每天至少有一个班级以足球活动为主，低年级以单人球感练习和定点射门为主，中年级以小组运球接力为主，高年级以集体传球接力为主，提高活动的趣味性。

（三）加大宣传，塑造文化

普及足球运动，学校足球场定期向社会开放，不断推动学校的足球氛围。我校辐射带动惠南学区的校园足球不断提升，促进惠南学区足球师资水平得到提高，使惠南学区足球技术水平得到快速上升，为我国足球专业水平运动员的培养起到重要作用。另一方面，对推动足球教育教学改革，提高足球专业教师的教学科研能力等具有良好的积极作用。通过各方协同合作，让越来越多的人关注和支持校园足球运动的发展，关爱青少年足球运动，让中国足球的未来更加光明！

"幼小衔接"综合实践活动
课程校本化实施方案

浦东新区惠南小学　陈　瑜

一、背景分析

　　幼小衔接，是幼小工作者普遍重视的问题。《幼儿园工作规程》明确指出："幼儿园教育应和小学密切联系，互相配合，注意两个阶段教育的相互衔接"。对于幼儿来说，从幼儿园的小朋友成长为学校的小学生，环境变了，学习要求也变了。小学和幼儿园的生活存在着一定差异，如活动的组织形式，学习的习惯等，幼儿面临着许多不适应，所以学校应进行有目的，有计划的社会性适应与学习适应教育，促进幼儿在入学前具有良好的心理准备，养成良好的生活能力和学习习惯，认真做好幼儿园与小学的衔接工作，帮助孩子们顺利度过这个转折期，减少家长的焦虑和担忧，为幼儿进入小学学习打好坚实的基础。

二、课程目标

（一）课程理念

　　学校坚持面向全体一年级新生，针对幼儿身心发展特点，从学校的实际出发，积极创造条件。通过丰富多彩的教育活动、教育环境的创设、日常生活的管理、家长工作的开展等途径，促进幼儿的身心发展；以"尊重孩子的年龄特点和发展规律，考虑孩子的心理需求和发展需要"为研究的基本原则，以"如何解决幼儿园与小学的衔接问题，怎样让孩子从幼儿园平稳过渡到小学，促进学生健康、快乐地成长"为研究重点，帮助孩子顺利地完成这一阶段的过渡。

（二）学生培养目标

1. 从心理准备入手，培养孩子入学前良好的心理品质（情感、兴趣、注意力、意志、责任感、自信心等）。

2. 以培养孩子良好的学习、生活习惯为重点，帮助孩子适应幼小过渡中的断层问题。

3. 初步了解小学的课堂教学规范和行为规范，熟悉学习与活动的特点，对各类学习活动形成好奇心和求知欲。

4. 家园同步，增强教师与家长的交流沟通，共同为幼儿平稳过渡做好准备。

5. 帮助幼儿养成良好的行为习惯、学习习惯和生活习惯，培养独立思考、独立动手的能力。

三、课程内容

1. 创造和谐环境

为幼儿创设良好的心理氛围、融洽的师生关系、宽松愉快的学习气氛，让幼儿感到身处于一个文明，安全、和谐、愉快、充满爱与尊重的良好环境中。这对幼儿的发展将起到不可忽视的作用。

2. 适应学习节奏

改变作息制度和环境布置是为了使幼儿入学后，能较快地适应小学的生活节奏，在大班第二学期，可适当增加课时，并逐步减少园内睡眠时间；另外，在环境布置上，可按小学桌椅的形式排列课桌，设立黑板。

3. 加强纪律教育

幼儿入学前应有具体的心理准备，有强烈的求知需要；能控制冲动，上课不做小动作，集中注意力，坚持完成规定的任务；应具有初步的抽象逻辑思维能力和一定的想象力，初步具备热爱集体等道德品质。

四、课程实施

本课程共设三大主题活动，分别是"有规则，更快乐"综合实践活动、

小学综合实践活动的
设计与实施 xiaoxue zonghe shijian huodong
de sheji yu shishi

"我爱小学"综合实践活动和"我是小学生啦"综合实践活动。

（一）"有规则，更快乐"综合实践活动

1. 活动主题：

学校规则我会学、校园号令我会做、课间活动我会玩、课堂学习我会听

2. 活动目标：

（1）探索校园环境，认识校园设施，熟悉校园生活，增强对校园的亲近感。

（2）熟悉学校生活中各种铃声的含义和要求以及相应的行为规则。能对校园号令作出正确的回应，规范自己的行为。

（3）合理安排课间时间，学习课间游戏，劳逸结合，懂规则，形成安全意识。

（4）家校协同共育，尊重学生和家庭的差异，开展丰富的亲子活动，引导学生遵守规则。

（二）"我爱小学"综合实践活动

1. 活动主题：

书是我们的好朋友、神奇的小书包、我和铅笔做朋友、"惠宝"上学去

2. 活动目标：

（1）知道书的作用很大，愿意在图书中学本领。学习看图示剪纸，加深对书的热爱之情。

（2）了解书包的结构和各部分的用途，学会爱护小书包，明确小书包的使用与管理是自己的事情，增强自我服务意识。

（3）有使用铅笔的兴趣，并懂得爱护铅笔。感知铅笔的特点，知道它是小学生的主要书写工具。能够自己卷铅笔，安全使用铅笔。

（4）能够大胆地讲述自己对内容的理解，尝试用完整的语言讲述故事内容，能够为故事创编情节。

（三）"我是小学生啦"综合实践活动

1. 活动主题：

发放"入学通知书"与"打卡点"留念、参观校园，了解校史。

2. 活动目标：

（1）培养自信心：通过活动，让幼儿感受到自己已经成长为小学生，增

强他们对自己能力的自信，有助于他们积极主动参与学习活动，并且有勇气面对小学生活中的各种挑战。

（2）建立良好的学习习惯：在活动中，幼儿养成遵守课堂规则、整理书包、按时完成作业、准备学习用品等基本的学习习惯，逐渐建立起良好的学习习惯。

（3）增强社交技能：幼小衔接的过程中，幼儿将与其他同学、班主任和老师进行更多的互动，培养他们与他人沟通、合作和相互尊重的社交技能，为他们适应小学集体生活做好准备。

（4）掌握适应小学生活的知识和技能：在活动中，幼儿将初次参观校园，了解学校的校史和校园景点，学习小学教室规则、举手发言等基本技能，以顺利进入小学课堂。

（5）培养自理能力：通过指导和练习，幼儿将学会独立摆放学习用品和整理书包，培养他们的自理能力，提高他们照顾自己和解决问题的能力，逐渐成为自立的小学生。

五、课程评价

（一）对学生的评价

学校结合《上海市学生成长记录册》《入学手册》对学习过程和学习结果进行描述性的评价，记录学生在课程活动中的精彩内容、重要的环节和难忘的瞬间等。

（二）对课程的评价

1. 评价主体多元性

对学生发展的评价不仅由指导教师来完成，学生、家长、教师、专家、社区等可以共同参与，进行有效的、有交互作用的评价制度。评价信息来源既可以来源于活动课程方案、过程性资料、调查报告等资料，还可以来源于被观察到的个人行为表现或情感体验等。

2. 增加评价的灵活度

学校通过问卷调查、学生访谈、家长督导等对本综合实践活动课程进行可行性评价，全程了解活动课程的实施过程和实施效果，并对活动课程进行评估。邀请家长、课程组老师不定期走进课堂，了解实施情况，听取建议后要进行修改，提高课程的质量，把握课程完善方向，获取反馈，及时改进。

小学综合实践活动的
设计与实施 *xiaoxue zonghe shijian huodong
de sheji yu shishi*

六、课程保障

（一）制度保障

制定多项管理制度，实现对活动课程的调控与组织。学校充分发挥家校联动机制作用，推进活动课程方案落实。每学期进行公平、公正、科学、合理的多元评价，可采用座谈、问卷、考察等方式对活动课程的实施加以评价。

（二）专业保障

成立由校家委会、校班子成员组成的家校协作组，就"幼小衔接"达成理念与实践的共识，签订协议，明确职责与分工。学校建立"幼小衔接"综合实践活动课程资源库，同时要积极挖掘社区教育资源，让学生的活动基地变得多元化。

家校协作组分工表

部　门	职　责
惠南小学	依据《"幼小衔接"综合活动课程实施方案》内容，开展系列活动，保障实践活动区内的设施安全，及时展示分享活动成果。
学校家委会	提供全方位资源，在活动开展中协助学校具体组织和管理。

（三）安全保障

在"幼小衔接"综合实践活动课程实施过程中，对活动设施、活动场地、活动器材等进行日常监督、检查、维修、维护等。外出开展活动课程时，指导教师要制定安全预案，遇到突发事件，第一时间采取有效措施，使用最佳方案，及时解决问题。

（四）经费保障

为确保课程的有效实施，学校投入一定的专项经费，对开展活动的课程提供充足的经费保障，可用于设备仪器、活动配置、活动实施开发等方面。另外，学校要根据活动课程添置相应的设备，购买所需的器材；对每学期活动课程建设中有突出成绩的、表现优秀的教师进行专项经费奖励。

"毕业季" 综合实践活动课程校本化实施方案

浦东新区惠南小学　季丽华

一、课程背景

　　小学生活丰富多彩，充满乐趣，富有意义。在新课程理念的指导下，我们结合校情与五年级各班班情，为毕业班的学生开展难忘的毕业季综合实践活动，旨在让他们记住童年、老师和同学，记住母校。源于孩子多彩的生活，这是能够体现综合能力的一项有价值的活动。

　　通过这一个主题教育活动，从内容感知的角度出发，让学生深切感恩母校生活中的恩师、同窗的情谊，满怀憧憬美好的高一等学府生活。在活动中学会策划和配合的技巧，激发对自我的认可和对可期未来的兴趣。从而树立热爱母校、感恩社会的意识，形成为美好未来好好学习、好好锻炼的观念。从培养能力的角度出发，提高学生处理信息的能力、小组合作的能力、组织协调能力和动手实践操作的能力，从而使学生形成合作意识和协同能力。

二、课程目标

　　1. 搜集毕业季活动的相关资料，为设计方案做好准备。小组合作，共同设计一份方案，明确分工，组织开展活动。

　　2. 利用所准备的材料，依据设计方案，按照内容分工，以小组为单位，有序地组织开展相关活动，完成毕业季活动的实践。

小学综合实践活动的
设计与实施 xiaoxue zonghe shijian huodong
de sheji yu shishi

3. 学会整理汇总信息，利用文字与照片、视频相结合的方式，记录和总结主题活动。

4. 学会向他人展示母校学习生活的成长点滴和对未来学府的憧憬，用自己的方式交流感悟，自信地发表"回首感恩""放飞梦想"的感言。

5. 通过整个教育活动，让学生学会恰当运用信息科技技术，充分挖掘资源，锻炼协调能力，提高创新意识。通过动脑思考、动口交流、动手实践，提高自身的综合素养，提高组织活动和解决问题的能力。

三、课程架构与内容

（一）课程主题架构

"毕业季"综合实践活动结合五年级第二学期的主题教育内容开展活动。采用项目化学习的方式，通过多个主题完成，这些主题具有相关性、实践性和分总性。鉴于五年级学生个性独特，思想丰富，表现力充沛，每个人都有自己的个性需求，拥有参与、开展活动的经验。教师也可以提供学生参与策划毕业季活动的机会。引导学生在计划组织、交流表达、实践操作、交流领悟的过程中，充分锻炼胆量，提高学生的综合能力，明确自己的理想，坚定逐梦奋进的信念。

（二）内容设计

由学校课程教学部，行政事务部、学生德育部通力协作，以"毕业季"为契机，在惠南小学"综合实践活动课程"项目开发组的组织支撑下，共同研究与规划《惠南小学毕业季》综合实践活动的主题设计。同时结合学校两类课程架构，完善综合活动课程体系，开展一系列主题活动。

活动名称	相关学科	实践时间段	协助部门
毕业季告白	语文、道法、美术、班会	相关课堂	教导处、德育处
毕业季寻访	语文、班会	节假日、班会课	德育处、家委会
毕业诗朗诵	语文、音乐	班会课、音乐课	德育处、家委会
毕业典礼	班会	休业式	德育处

四、课程实施

（一）制定课程方案

根据《中小学综合实践活动课程指导纲要》、惠南小学"惠益课程"计划以及学校课程发展实际需要，从本校五年级学生的年龄特点与实际需求出发，制定学校综合实践活动"毕业季"方案。采用文学、表演、美术绘画、实地寻访等形式，挖掘与毕业季相关的内容作为进行综合实践活动的主题，多学科、多部门整合，在实践活动中培养学生的相关能力。

（二）教学时间

1. 第二学期五月和六月的班会课及相关学科课堂内，开展研讨活动。

2. 利用节假日，由学校引领与家长沟通协同，联合街道社区，共同承办、开展实践活动。

3. 结合班级管理，将主题式综合实践活动课程与雏鹰争章、小队实践活动等评价机制相结合。

4. 根据活动进程，在班级或年级范围内进行展示。

（三）活动方式与组织

1. 活动方式

① 创意设计、制作活动（手工、多媒体等）；

② 自主探究主题活动；

③ 风采展示、演出活动；

④ 班级集体、亲子、师生集体进行展示活动。

2. 活动组织

① 班级集中活动

通过综合实践活动课程的基本形式——教学班，按照活动计划开展活动。活动内容安排为学生的集中指导与教学，开展主题研讨与交流活动等。在每周的班会课、午会课等时间，由各年级的执教教师根据课程目标，围绕主题，组织学生有序开展综合实践活动。

② 与少先队、德育活动结合

少先队作为指引前进方向的先进组织，将毕业季综合实践活动的部分内容、环节与少先队、德育的相关主题系列活动进行紧密结合，并适当地融入

小学综合实践活动的
设计与实施 xiaoxue zonghe shijian huodong
de sheji yu shishi

学校传统特色活动；在大队部、德育处教师的共同研讨、参与下，协助实施开展有少先队特色的毕业季活动。

③ 小组合作活动

小组结合可采用不同的组合形式，如：兴趣相近者组合成为合作小组，特长互补者组成合作小组等。自主推荐组长，分工合作完成活动主题及任务。

五、课程评价

"评价即育人"，活动过程中的评价是学习价值的载体，也是活动目标的导向，影响着学生参与活动的质量。课堂评价可以为学生的活动提供有针对性和适切性的改进策略与行动计划，使学生能通过评价获得提高。让学生不仅能够在知识学习中获益，而且能够为自己未来的人生规划和发展奠定基础。在学生自评、互评的基础上，教师作好引导，为学生把住风向标，提供一些有效信息和评价语言，发现学生的优势与潜能，激发学生自身发展的内驱力。

（一）评价方式

1. 自我评价

学生针对自己在完成毕业季综合实践活动过程中及时审视自己的行为与表现，进行反思，以便及时改进。

活动自评表

学生姓名：		活动主题：			
标　准	内　　容	优秀	良好	合格	需努力
行为纪律	遵守纪律，文明地参与活动，有规则意识。				
积极参与	根据自己的能力，踊跃参加、完成任务。				
团队合作	按时完成自己的分工，乐于协作，乐于助人。				
实践能力	会解决问题、创新、沟通、合作、学习和自我反思。				
自我总结	我的优点：				
	我的不足：				
	我的想法：				

2. 成果展评

在"毕业季"综合实践活动各阶段的成果汇报、展示过程中，通过自评、互评、师评和家长评的形式进行过程性评价。即时的评价反馈让学生体验实践出成果的喜悦感和成就感，培养其自信心。

活动展评表

小组 / 班级：		活动主题：			
内　容	标　准	自评	互评	师评	家长评
组织与策划	活动目标设定清晰，组织合理、周密。	☆ ☆ ☆ ☆	☆ ☆ ☆ ☆	☆ ☆ ☆ ☆	☆ ☆ ☆ ☆
内容与创意	展示的内容具有独特性、创造力。	☆ ☆ ☆ ☆	☆ ☆ ☆ ☆	☆ ☆ ☆ ☆	☆ ☆ ☆ ☆
成果与展示	成果切合主题，展示井然有序。	☆ ☆ ☆ ☆	☆ ☆ ☆ ☆	☆ ☆ ☆ ☆	☆ ☆ ☆ ☆
效果与影响	传递的信息积极向上，富有正能量，体现特色活动成效。	☆ ☆ ☆ ☆	☆ ☆ ☆ ☆	☆ ☆ ☆ ☆	☆ ☆ ☆ ☆
总体评价	☆ ☆ ☆ ☆				
备　注	请根据实际情况，给☆涂色。 4 ☆：优秀；3 ☆：良好；2 ☆：合格；1 ☆：须努力。				

（二）评价内容

综合实践活动的评价内容是多方面的，既要关注学生实践活动的成果与实效，又要关注学生在活动过程中每个阶段的表现。通过评价判断学生在该活动中的成长和进步，也判断存在的优势和不足，依据评价结果明确进一步改进不足之处的措施，课程组老师设计了以下《活动评价表》对学生进行过程性评价。

活动评价表

学生：		评价人：		
评价内容	标准描述	值得学习	基本完成	还需改进
遵守课堂纪律	在制定和完善计划过程中，能有序、文明地提出见解，开展讨论。			

小学综合实践活动的
设计与实施 xiaoxue zonghe shijian huodong
de sheji yu shishi

续表

评价内容	标准描述	值得学习	基本完成	还需改进
团队协作	能挖掘潜力资源，协调配合，有效合作。			
表达交流	条理清晰，口齿清楚，通顺流利。			
技术运用	使用信息科技技术对诗歌撰写、视频编辑等进行有效的处理，为完成任务打好基础。			

六、课程保障

（一）经费保障

合理使用教育经费，确保课程经费使用，保障课程有序实施。学校对课程开展提供积极的经费支持，定期对课程设施的硬件环境进行维护和扩充，根据课程需求添置相应的设备，准备专用场所。

（二）师资保障

学校设置综合活动课程项目开发组，分设项目负责人、执行人、研究员、宣传员等具体工作人员以及具体课程负责教师。在德育处的引领下，开展相关研讨、交流和展示活动。鼓励全校学有所长或有相关技能、特长的教师和家委会成员共同参与课程开发、建设和实施工作。

（三）时间保障

毕业季综合实践活动要求的课时安排是弹性课时制。可以采用课时集中使用与分散使用相结合的方式。可以将每周的时间集中在一个单位时间使用，也可将几周的时间集中在一天使用。教师也可以视情况根据需要将综合实践活动时间与某学科打通使用，也可以将综合实践活动课的时间与班队活动课的时间两课时连续安排，便于活动的开展。

第三部分

活动设计

"好事'花生'"综合实践活动设计

浦东新区惠南小学　潘美晨

相关领域：自然、劳动技术、语文

适用年级：五年级

活动概述：

本主题活动围绕着"慧谷农场"，让学生们从生活实际出发，采用项目化学习的方式，从了解项目、制定计划到小组分工、开展研究，再到整理成果、交流评价，这些具有实践性和递进性的模块活动，引导学生在计划组织—交流表达—实践操作—观察感悟中学习和进步，从而培养多元化的能力。

通过这一系列主题探究活动，学生从生活实际出发，观察生活中植物的生长过程，了解种植劳动技能，从而学会合理运用农业与科学知识来进行种植的实践操作，逐渐形成"一粥一饭，来之不易；半丝半缕，物力维艰"的思想。从能力培养的角度出发，提高学生处理信息的能力、小组合作的能力和动手实践操作的能力，从而使学生形成合作意识，促进培养自主探究的意识与创新能力。

活动目标：

1. 知道植物生长所需要的条件；知道植物为适应不同水分环境做出的改变，对土壤的分类与渗水能力有所了解。

2. 能根据植物外在形态判定其生活环境与所需条件；能根据外在形态

判定所需土壤；

3. 知道植物的种植需要知识与经验的结合；知道规律可帮助我们在实践中更快解决问题。

4. 知道植物繁殖的两种方式：有性繁殖和无性繁殖；知道以上两种方式的含义、区别、所利用的部位、背后原理、各自优缺点及其选用。

5. 对种子的结构和生长方式有所了解。

6. 知道如何用种子和鳞茎培育百合；能够对比两种方式，选择适合自己的培育方式。

7. 知道植物的培育有很多选择；知道在实践中可以找到适合自己需求的最好方式。

所需教学材料和资源：多媒体课件、网络资源、学校图书资源等。

活动一：

活动要求：

1. 学生自主通过各种途径查阅各类资料、登录网站等学习方法了解并搜集植物种植的相关资料，为实验做好准备。

2. 小组合作，共同完成不同土质的渗水实验。

活动步骤：

一、整体感知

1. 学生整体感知本活动主题。

在教师的引导下，发表见解与想法。

2. 初步了解植物的生长过程及生长条件。

二、小组实验

1. 全班分组，确定组长，取组名。

2. 各小组进行实验。

（1）实验主题：不同土壤的透水性能探究。

（2）实验目的：探究不同土壤的透水性能，并能根据特定中药的形状构造为其提供适宜土壤。

（3）实验准备：

① 土壤准备：3 份不同质量的样品。

② 器材准备：贴好标签的漏斗、纱布、水、量筒。

（4）实验过程

① 把 3 种质量相同的土壤放于桌面，观察这 3 种土壤；

② 辨别土壤种类：黏土颗粒细腻；沙土颗粒粗糙；壤土颗粒大小居中。

③ 把 3 种同等质量的土壤倒入漏斗内，漏斗底部填入纱布；

④ 往杯内倒入 150 ml 的水；

⑤ 用量筒承接过滤出的水，并读数，记在实验单上。

3. 得出结论，并进行记录。

（1）实验结果：排水性：沙土 > 壤土 > 黏土

（2）进行小组探究（完成探究单）：_____适合种植_____植物，_____适合_____植物，_____透水性能极差，一般不用于种植（_____除植物外）。

附:《探究单》

探究单：植物的生长

不同土壤的渗水性探究	土壤类型	土壤渗水量
	沙土	
	壤土	
	黏土	

实验结果	排水性：_____ > _____ > _____
合理推测	_____适合种植_____植物，_____适合_____植物，透水性能极差，一般不用于种植（_____除植物外）。

活动二：

活动要求：

1. 小组代表交流实验报告。

2. 集体得出实验结果。

3. 同伴给予组别不同的数据差异。

活动步骤：

一、交流方案

分小组介绍实验报告（教师在学生交流方案的过程中，适时引导学生思辨。）

（1）每个组派一名代表简单说明实验方法以及实验结果。

（2）同组组员适时补充。

（3）其他组认真聆听，仔细思考，对发言小组进行评价（填写评价表）。

（4）在汇报完实验报告后，其他小组成员进行评价。

二、综合各小组实验报告，得出结论，完成探究单的推测填写：

沙土适合种植旱生植物，壤土适合种植，黏土的透水性能极差，一般不用于种植（除水生植物外）。

附：《小组评价表》

小组评价表

项　目	评价标准	评　价
参与讨论	每个组员能够积极加入讨论，主动为组员创造积极发言的氛围	🐼 🐼 🐼
有序合作	在实验记录过程中，每个人找到了自己的位置，并服务于团队	🐼 🐼 🐼

注：一般（1个惠宝），良好（2个惠宝），优秀（3个惠宝）

活动三：

活动要求：

1. 学生自主通过各种途径查阅各类资料，了解并搜集植物有性繁殖和无性繁殖的相关资料，为实验做好准备。

2. 小组合作，共同完成百合种子栽培实验，对种子的结构和生长方式有所了解。

活动步骤：

一、整体感知

1. 初步了解植物的生长繁殖的两种基本方式。

在教师的引导下，学生整体感知本活动主题。

2. 头脑风暴，集思广益，发表见解。

二、小组实验（一）

1. 各小组进行实验。

（1）实验主题：花生水培栽培实验

（2）实验目的：

① 了解花生水培的方式、过程与栽种技巧；

小学综合实践活动的
设计与实施 xiaoxue zonghe shijian huodong
de sheji yu shishi

② 为后续和土培所成长植株提供对比资料。

（3）实验准备：

① 花生种子若干；

② 清水适量；

③ 水培盆适量；

④ 育苗盆。

（4）实验过程：

① 对花生种子进行筛选，选取其中充分受精者，即种子中间有白色芽点者；

② 将花生铺入育苗盆中；

③ 在育苗盆种铺好花生，注入清水；

④ 两到三天用喷壶为种子浇水。

（5）实验记录：

① 种子第几天开始发芽？

② 发芽率是多少？

三、小组实验（二）

1. 各小组进行实验。

（1）实验主题：花生土培栽培实验

（2）实验目的：

① 了解花生土培的方式、过程与栽种技巧；

② 为和水培花生所成长植株提供对比资料。

（3）实验准备：

① 花生植株；

② 壤土适量；

③ 育苗盆；

④ 松土工具。

（4）实验过程：

① 壤土放入盆中，充分松动；

② 在育苗盆中铺上 3—5 cm 壤土；

③ 放入花生苗，中间相隔 2 cm 以上；

④ 盖土 3—5 cm；

⑤ 浇适量水，表面浸湿即可；

⑥ 将盆栽放在通风透气、阳光好的地方。

（5）实验记录：

① 种子第几天探出土壤？

② 存活率是多少？

四、探索和比较

每组确定每隔多久时间再测量，以此依据获知土壤的温度与湿度，并且将每次测量的数值继续填写在《种植观察记录表》中。

附：《种植观察记录表》

种植观察记录表

组名：	记录人：	
日　　期	生长情况（是否发芽？发芽率多少？）	
	水　　培	土　　培

五、小组自评本阶段表现

回顾小组实践种植的过程，结合成员在探究过程中的表现进行小组自评与互评。

附：《活动评价表》

活动评价表

项　目	评价标准	评　价
参与讨论	每个组员能够积极加入讨论，主动为组员创造积极发言的氛围	🐼 🐼 🐼
有序合作	在实验操作中，每个人找到了自己的位置，并服务于团队	🐼 🐼 🐼
提醒与改进	在实验操作中，相互观察同伴的实验操作，并给予建议	🐼 🐼 🐼

小学综合实践活动的
设计与实施 xiaoxue zonghe shijian huodong
de sheji yu shishi

活动四：

活动要求：

1. 反馈植物种植的观察记录，各小组进行汇报。

2. 与大家反馈交流：等待、观察植物发芽过程中的疑问和心得体会。尝试帮助大家解决问题，共同进步。

3. 学会结合数据记录实验结果。

4. 进行为期4周的植物生长观察与记录，夯实实验结果论证。

活动步骤：

一、交流反馈植物种植成果

分小组汇报各自的观察记录。

（1）说说植物种植进程（有性繁殖和无性繁殖的出芽时间和出芽率）。要用简练的语言说清楚，其他组员可以适当补充。

（2）也可以说说观察过程中出现的问题及如何解决的。

（3）其他各组成员，认真倾听，仔细思考，可以大胆提出疑问或建议。

二、思考与调整

小组讨论，根据其他小组的意见或建议，结合本组实际情况与条件，共同得出实验结果：1.水培比土培先发芽；2.水培的发芽率更高。

三、探索传感器

每组再次确定每隔多久时间再测量，以此依据获知出芽率，并且将每次测量的数值继续填写在《种植观察记录表》中，再次确认实验结果。

四、小组评价

附：《活动评价表》

活动评价表

对方小组		评价小组			
评价内容	标准描述		值得学习	基本完成	还需改进
遵守 课堂纪律	在种植过程中，能有序、文明地进行操作，轻声交谈与讨论。				
团队协作	协调配合，有效合作。				
表达交流	口齿清楚，通顺流利。				
技术运用	在农场进行移栽时，能利用铲子等工具轻轻地挖取，并用手保护小苗。				

活动五：

活动要求：

1. 反馈植物种植的观察记录，各小组进行汇报。

2. 与大家反馈交流：等待、观察植物发芽过程中的疑问和心得体会。尝试帮助大家解决问题，共同进步。

3. 学会结合数据记录实验结果，对比良种繁殖方式的优劣，进行种植方式的选择。

活动步骤：

一、交流反馈植物种植成果

分小组汇报各自的观察记录。

（1）说说植物种植进程（有性繁殖和无性繁殖的出芽时间和出芽率）。要用简练的语言说清楚，其他组员可以适当补充。

（2）也可以说说观察过程中出现的问题及如何解决的。

（3）其他各组成员，认真倾听，仔细思考，可以大胆提出疑问或建议。

二、思考与调整

小组讨论，根据其他小组的意见或建议，结合本组实际情况与条件，再次确认实验结果：1. 水培比土培先发芽；2. 水培的存活率更高。

三、实践操作种植

1. 各小组讨论种植哪种植物。

2. 各小组发言交流。

3. 按照计划与分工，实践种植。

四、反馈总结、明确观察植物和记录其生长的方法

1. 交流移栽和种植的过程中的心得和体会。

2. 讨论观察记录的方法。

（1）出示种植观察记录表。

（2）讨论观察记录的方法。

a. 文字与图画相结合

在为期四周的时间里，学生要在相应的表格内用文字与图画的形式，记录下植物的生长天数与情况，也可以再画画它们的模样。

b. 拍照记录植物的显著变化和出现的问题等。在这个过程中，通过图像每天都可以看到植物小小的变化。

附：《种植观察记录表》

小学综合实践活动的
设计与实施 xiaoxue zonghe shijian huodong
de sheji yu shishi

种植观察记录表

组名：	记录人：
日　　期	生长情况
结果如何？请分析原因：	

"二十四节气之春分"综合实践活动设计

惠南小学　刘嘉丽

相关领域（学科）：语文、美术、劳动技术

适用年级：三年级

主题（问题）概述：

二十四节气是我们华夏祖先的伟大发明创造，秦汉时期就已经确立，公元前 104 年正式纳入历法，历经 2000 多年，沿用至今，仍具有指导意义。

二十四节气彰显了中华传统文化的博大精深，具有长久的生命力。而二十四节气中的春分是一个欣欣向荣的节气，引领学生走进我国的二十四节气中的春分，涉及这个节气的含义、起源、古诗词等诸多方面，集趣味性、知识性与文化性于一体。走进春分，学生自主分享与诵读有关的古诗词，跨越时空，与古人对话。"授人以鱼，不如授人以渔；授人以渔，不如授人以渔场。"在实践活动中，为学生提供学习的"场"，鼓励他们去书店、图书馆搜集资料，培养学生的自学能力。学生用"五感法"观察春天，欣赏春天的美，并用他们喜欢的方式，记录下所思所感，提高审美情趣，成为美好生活的创造者，在多次的实践中慢慢感悟中华文化的魅力。

活动目标：

1. 了解春分节气气候特点和饮食、生活等习俗，向同学介绍与春分有关的古诗词等，培养学生对节气的兴趣和对祖国传统文化的热爱。

2. 通过观察事物变化，记录变化的主过程，培养热爱大自然的情感，

小学综合实践活动的
设计与实施 xiaoxue zonghe shijian huodong
de sheji yu shishi

提高审美情趣，成为美好生活的创造者。

3. 通过设计、创作春姑娘形象，培养学生的创新思维和设计、绘画能力。

4. 通过张贴、布置环境，从而培养学生设计与布局的技能，提升学生的审美和艺术表现能力，感受浓郁的春天氛围。

5. 学生通过童话剧表演，与知识相融合展现实践活动的所感所悟，感受传统文化的别样乐趣。

6. 通过整个"春分"综合实践活动设计，培养学生的动手实践能力、创新能力、设计能力、自主学习能力和团结协作精神，从而提升综合实践能力。

所需教学材料和资源：多媒体课件、网络资源、图书馆、彩纸

活动一：

活动要求：

1. 学生自主通过各种途径查阅各类资料、登录网站等学习方法了解并搜集春分节气气候特点和饮食、习俗等的相关资料。

2. 通过组员间讨论，确定资料的呈现形式与分工。

活动步骤：

一、整体感知

1. 初步了解"春分"此课题。

（1）播放有关春分的视频，教师讲解，学生欣赏。

（2）欣赏完春天美景图片，学生谈感受。

2. 交流对于"春分"的见解。

二、查阅资料、小组讨论（完成"春分"小组讨论表）

1. 以小组为单位，查找春分的起源、气候特点和饮食、习俗、诗词、图片与视频资料。

附：《小组讨论表》

"春分"小组讨论表

组名：			组长：		
组员：					
查找资料的主题方向：	☐起源　☐气候特点和饮食　☐习俗　☐搜集图片与视频 ☐诗词　☐其他：＿＿＿＿＿＿＿＿				
资料呈现形式：	☐PPT　☐电子海报　☐绘画　☐思维导图 ☐手抄报　☐知识小问答　☐其他：＿＿＿＿＿＿＿＿				

2. 在组长的引导下，讨论汇报资料的形式。

3. 确定分工。

三、总结

请大家积极开动智慧的大脑，运用灵巧的双手，团结合作共同完成搜集资料的工作，课后可以通过多种途径查找、搜索、翻阅"春分"的相关资料，并制作。

活动二：

活动要求：

组长介绍整合完成后的资料，交流汇报。

活动步骤：

一、回顾启新

二、介绍春分资料

1. 分小组介绍

（1）组长展示小组查阅资料的成果

（2）同组组员适时补充

（3）其他同学仔细聆听与思

2. 别组交流倾听感想

附：《评价表》

评价表

评价内容	自评			互评			师评		
	优秀	良好	需努力	优秀	良好	需努力	优秀	良好	需努力
做到人人参与，友好合作，乐于帮助同学。									
认真倾听与思考，尊重他人。									
声音响亮，表达清晰，有自信，有想法。熟练地运用多媒体技术。									
清楚地展现资料，一目了然，通俗易懂。展现资料形式有新意。									
积极参与活动，有热情，不怕吃苦、勇于克服困难。									
被评小组（本组）：			评价小组：						

小学综合实践活动的
设计与实施 xiaoxue zonghe shijian huodong
de sheji yu shishi

三、再次交流对于春分更深一层次的了解

四、小组评价

活动三：

活动要求：

1. 用眼睛看、用耳朵听、用鼻子闻，用嘴巴尝，用手摸感受到的春天气息，寻找春天的足迹，搜集带有春天气息的事物。

2. 通过观察植物、动物以及人们活动的变化，去打开大自然绿色的课本。进行为期一周的春天观察活动。

活动步骤：

一、看视频了解春天

观看有关春天的视频，交流春天与其他季节的不同点。

二、观察春天

1. 出示"找春天"任务要求：周末到邻近的公园，用眼睛看、用耳朵听、用鼻子闻，用嘴巴尝，用手摸感受到的春天气息，寻找到的春天的足迹，搜集带有春天气息的事物（花草、装饰物）。

2. 结合搜集到的资料，有目的地通过观察植物、动物以及人们活动的变化，去打开大自然绿色的课本。

3. 小组完成记录表。

提示：

（1）观察时不破坏绿植。

（2）观察过程要结合观察表格进行。

（3）小组成员之间要团结互助。

三、老师总结

布置下一课时需带的材料：学生专用剪刀、彩纸、彩笔、铅笔、橡皮

附：《"春分"观察记录表》

"春分"观察记录表

小组组员：

日　　期	观察地点	变化（植物，动物，人的活动，可画或可写出变化）

活动四：

活动要求：

1. 小组合作设计春姑娘的形象。

2. 学生自主展示春姑娘的形象。

3. 动手装扮教室，培养动手能力和审美趣味。

活动步骤：

一、画一画春天

小组根据前两个活动的体会设计春姑娘的形象，小至发髻花环，大到衣着打扮，巧妙运用画笔，设计出别出心裁的春姑娘形象。

二、展一展成果

1. 小组自主展示春姑娘形象

2. 装扮春天：用搜集到的带有春天的气息的事物装点教室。

① 以小组为单位进行

② 注意安全、保持环境卫生

3. 结合之前的观察活动，小组成员分工合作，以童话剧的形式融入春姑娘的形象向同学们重新分享春分知识。

活动五：

活动要求：

各小组进行汇报、展示童话剧成品

活动步骤:

交流展示童话剧

各小组分别上台展示

二、遴选优秀作品

1. 投票选出"最佳童话剧"。

2. 小组代表再次向全班同学展示自己的优秀作品,并简单介绍通过童话剧想要告诉同学们关于春分的知识。

三、小组互评

填写小组间互评表

附:《"春分"小组互评表》

"春分"小组互评表

设计出春姑娘的形象。	★	★★	★★★
小组合作明确,能够完整流畅地演绎童话剧。	★	★★	★★★
童话剧内容丰富,富含创意,有一定的知识分享。	★	★★	★★★

被评小组(本组): 评价小组:

四、总结

1. 评选优秀实践小组

2. 教师总结整个活动

"走近闻天"综合实践活动设计

浦东新区惠南小学　　胡逸晟

相关领域：自然、信息技术、数学、艺术

适用年级：四年级

活动概述：

本活动以"走近校友张闻天"为主题，带领学生重温红色经典，探寻红色记忆，以我校的优秀校友为榜样，"学习校友张闻天，报效祖国作贡献"。主要通过"活动准备阶段——确立主题方向，接触红色精神；活动感受阶段——搜集红色资料，了解红色故事；活动实践阶段——走近校友故居，重走红色足迹；活动展示阶段——交流展示成果，培养红色梦想"这四个阶段展开活动。学生通过现有的红色资源，把它们转换成教育资源，积极培养学生热爱祖国、热爱中华民族的情感，从小培养爱国精神，立志为国家作贡献。

通过主题探究活动，学生在视频资料和教师的讲解下，学习党的章程和党的精神，铭记革命历史，了解革命先烈的光荣事迹，倾听革命先辈的生活小故事。通过对张闻天革命事迹、张闻天生活小故事和成长经历等方面的了解，培养对张闻天、对革命先辈的崇敬之情。引领学生面对挫折不放弃，培养革命精神；通力协作，具备齐心协力的合作意识。

活动目标：

1. 了解张闻天的英雄事迹，从革命贡献到生活琐事，从大家到小家，学生们通过更全面地认识校友张闻天的为人和爱国精神，深化同学们的爱

小学综合实践活动的
设计与实施 xiaoxue zonghe shijian huodong
de sheji yu shishi

校、爱国情怀。

2. 在实践活动的过程中，小组合作收集整理资料，培养学生收集、整理、分析信息的能力；增强学生合作的意识及能力；帮助学生提高自主探究，合作解决问题的能力。

3. 通过对红色人物事迹、红色人物故事、红色诗歌歌曲的了解，培养学生面对挫折不放弃，具备通力协作，齐心协力的团结合作意识。

4. 能够结合对内容的审查，在小组内分工合作，制定周密的活动方案，根据方案实施。

5. 能够倾听小组成员发言并发表感悟。

所需教学材料和资源：校本课程《校友张闻天的故事》，课件、革命伟人的小故事、网络视频资源、学校图书馆

活动一：活动准备阶段

活动要求：

1. 学生通过查阅校友张闻天的各类资料，为确立主题做好准备。

2. 小组合作，明确分工，共同制定周密的活动方案。

活动步骤：

1. 从现有资源出发，确立主题

张闻天同志是我国杰出的无产阶级革命家和理论家，他把自己的一生都献给了中国共产党，献给了中国革命的伟大事业。他和无数的革命先辈一样，是希望之光，是新中国的先驱者，开创者，是时代的先锋，民族的脊梁。1911年夏，张闻天进入惠南小学（前身南汇县立第一高等小学校），是这所学校的第11届毕业生。作为我校杰出校友，在我校建校125周年，为了让学生更深刻了解惠南小学的悠久校史，感悟共产党人的伟大精神，活动主题选取为红色之旅——学习校友张闻天，报效祖国作贡献，学生以走近张闻天为契机，了解历史，学习红色精神。

2. 分配任务，小组合作，通力协作

通过对内容的审查，将分配成多个小组分工合作，小组制定周密的活动方案。

（1）信息小组：查询历史资料，了解历史背景，为活动提供理论资料和背景。查询张闻天故居的地址和历史信息，为活动做好准备工作。

（2）记录小组：在参观故居等活动中做好记录，记录下活动中所看到的

关于张闻天的感人事迹或小故事，记录下来并发表感悟。

（3）文化分享小组：找寻赞扬张闻天的诗歌语录，并以小组为单位，表扬朗诵。

活动二：活动感受阶段

活动要求：

1. 学生在阅读校本课程后，交流心得感悟，说一说自己的感受，完成阅读记录表。

2. 在阅读完张闻天故事之后，学生交流感悟，分享自己心目中对张闻天的理解和感受，在交流中深化精神，提升表达能力。

活动步骤：

1. 活动任务：学习校本课程《校友张闻天的故事》。阅读校本课程后，交流心得感悟，说一说自己的感受，完成阅读记录表。以小组为单位，搜集和张闻天相关红色历史故事、红色文化以及歌颂张闻天的红色诗歌。

附：《阅读记录表》

阅读记录表

阅读书籍：		记录人：	
阅读日期		阅读章节	
内容简述			
阅读感悟			

2. 教师指导

我校作为张闻天母校，有着和张闻天有关的红色资源，小组的成员在制定方案时，可以充分运用场馆资源，如：参观惠南小学南校区的校史馆和北校区的校史大厅。我校校本课程《校友张闻天的故事》也是一本非常有意义的读物。书中介绍了张闻天的生平，张闻天和妻子、子女的故事，还有张闻天为革命事业奋斗的故事，这些内容可以使学生更全面地了解张闻天的生平。在阅读完这些故事之后，学生交流感悟，分享自己心目中对张闻天的理解和感受，在交流中深化精神，提升表达能力。同时学生可以通过上网、学校的图书室等多种途径查阅，为后续准备充足的资料。

活动三：活动实践阶段

活动要求：

1. 做好充分的实践准备，参观张闻天故居，了解张闻天的红色革命经历。

2. 注意观摩时的礼仪，学生要保持文明的观摩习惯，不可大声喧哗。

活动步骤：

1. 活动任务：带领学生实地考察，参观张闻天故居，学生搜集了多方面的资料和背景，已经做好了充分的实践准备，老师带领学生到张闻天故居参观，让学生更全面地了解张闻天的红色革命经历。

2. 活动方式：参观故居，记录心得与感悟。

3. 活动准备

（1）制定活动方案。

（2）申请预约参观张闻天故居时间，对学生进行安全教育和文明参观的教育准备。

（3）准备好照相机、摄像机、录音笔、记录手册。

（4）认真观摩，通过相机拍照记录，同时用手册记录下小故事。

附：《活动记录表》

活动记录表

笔记主题：	日期：
要点区	
记录区	
总结区	

（5）划分课题小组。确定采访的对象及采访的重点问题。

4. 活动指导

（1）指导学生及时做好记录

指导意图：指导学生拍照做好记录，选取有意义的照片并记录，可以说出照片的背景和小故事，便于回顾与整理资料。

附：《活动记录表》

活动记录表

拍摄地点：	照片名称：	拍摄地点：	照片名称：
图片 1		图片 2	
照片背后的小故事：		照片背后的小故事：	
心得体会：		心得体会：	

（2）指导观摩时的礼仪

指导意图：作为红色故居，学生们要保持文明的观摩习惯，不可大声喧哗。

活动四：活动展示阶段

活动要求：

1. 以小组为单位，将收集和实践的资料进行梳理、归纳。

2. 各小组汇报自己的研究成果，并在认真听取其他小组发言后发表感悟。

活动步骤：

（一）整理资料

1. 把收集和实践的资料进行梳理、归纳。

2. 以小组为单位收集红色诗歌并朗诵。

小学综合实践活动的
设计与实施 *xiaoxue zonghe shijian huodong
de sheji yu shishi*

3. 以小组为单位将收获制成PPT，并制作主题小报。

4. 展示拍摄所得的照片，分享照片背后的故事。

设计意图：指导学生把活动收获进行梳理并制成PPT和主题小报，加深学生的体验。

（二）汇报展示

各小组汇报自己的研究成果：

（1）记录小组：展示图片，分享照片背后的故事，并发表自己的感悟。

（2）文化分享小组：展示制作的小报，分享设计理念。

（3）朗诵小组：朗诵诗歌，感受红色精神。

缅怀张闻天同志

顾燕荪

一

自幼生于朱家店，曾经同守南沙城。

钻研国学群英冠，品德高超理想纯。

二

接受家君勤教导，簧庠一片赞扬声。

先贤久与同窗砚，感荷潜移默化深。

三

毕业依依赠语真，英姿勃勃赴前程。

青春抱负凌云志，君学工程我学文。

四

五四雷声惊宇宙，狂飙锐气震乾坤。

宣传爱国苍生悦，白话维新倡导人。

五

长征万里爱憎分，遵义呼声远近闻。

书记任中挑重担，六盘山上进长城。

六

光风霁月垂青史，海晏河清仰北辰。

举国同胞希统一，百花齐放满园春。

附:《活动心得体会表》

活动心得体会

印象最深的张闻天小故事	最有感触的照片
	（照片）
小故事背后的感受	照片背后的故事
活动总结与感悟	

"中国幸福年"综合实践活动设计

浦东新区惠南小学　潘雯雯

相关领域：信息技术、劳动技术、美术

适用年级：四年级

活动背景：

学校深入贯彻"双减"精神，发挥学校主阵地，不断挖掘学校少先队创新经验，深入一线了解队员的幸福生活，整合学校辐射区域的红色、教育、文娱、体锻等实践资源，构建"三圈育人"模式，在学校丰富多彩的打卡线路中了解国情、观察社会、体验生活、砥砺品格、增长本领。

我校"15分钟幸福圈"的主题实践活动背景下，设计了以"中国幸福年"为主题的活动设计。这些活动注重凸显课程"综合韵味""思维异味""生活情味""地方风味"与"参与兴味"，引导四年级学生在"年味""年文化"等相关问题中寻找兴趣点与自我需求，提出并实施适当的、有意义的"过年"项目与活动，让成果能够反映过程与结果，形成"问题—课题（项目）—实践—成果"活动链式反应，真实表现学生对生活世界的实践与思考。

活动目标：

1. 通过调查访谈获得中国新年习俗的相关信息，提出感兴趣的问题并进行研究。

2. 以个人、小组或家庭为单位，策划除旧布新活动，设计制作年红，

获得积极的劳动服务体验。

3. 在新年行走中体验各地的新年文化风俗，提升自己的组织策划、合作交流、文化融合和社会服务能力。

4. 通过参加传统文化民俗活动，感受春节喜庆气氛，体验家乡优秀传统文化的魅力。

所需教学材料和资源：多媒体课件、网络资源、学校图书馆等

活动设计一：年红作品的制作与布置

活动目标：

1. 通过查找资料获得年红作品的种类、样式和制作方法等。

2. 通过小组合作的方式完成一种年红作品的制作。

3. 在制作与布置的过程中感受春节喜庆的气氛，体验优秀传统文化的魅力。

活动步骤：

1. 查找资料

提前布置资料查找任务。

附：《年红作品调查表》

年红作品调查表

年红作品名称	所需材料	制作方法	适合装饰的位置

2. 小组交流

（1）小组交流我的年红作品小调查

（2）小组讨论决定需要制作的年红作品

（3）小组人员分工

附：《小组人员分工表》

小学综合实践活动的
设计与实施 *xiaoxue zonghe shijian huodong*
de sheji yu shishi

小组人员分工表

小组成员	负责带的材料	负责完成的部分

3. 动手制作

（1）根据分工表，完成自己部分的制作。

（2）将在制作的过程中遇到的困难同小组成员一同分享，寻求成员的帮助。

4. 布置年红作品

将小组作品经学校或社区同意后布置在合适的位置。

5. 分享活动感悟

活动设计二：新年春联的网络收集与撰写布置

活动目标：

1. 通过查找资料获得新年春联语，纸张形式和布置方式等。

2. 通过动手实践完成一副春联的撰写。

3. 在制作与布置的过程中感受春节喜庆的气氛，体验优秀传统文化的魅力。

活动步骤：

1. 查找资料

（1）提前布置资料查找任务

附：新年春联语收集表

新年春联语收集表

我找到的春联语	所需纸张的大小尺寸	所表示的含义	适合装饰的位置

2. 小组交流

（1）小组交流我的新年春联语收集表

（2）小组讨论决定需要撰写的春联

（3）小组人员分工

3. 动手制作

（1）根据分工表，完成自己部分的制作。

（2）将在制作的过程中遇到的困难同小组成员一同分享，寻求成员的帮助。

4. 布置春联作品

将小组作品经学校或社区同意后布置在合适的位置。

5. 分享活动感悟

活动设计三：春节神话传说的收集与表演

活动目标：

1. 让学生了解和熟悉春节的起源、习俗和神话传说。

2. 增强学生对中国文化的认识和尊重。

3. 培养学生的团队合作和沟通能力。

4. 提高学生的语言表达能力。

活动步骤：

1. 查找资料

提前布置资料查找任务。

附：《春节神话传说表》

春节神话传说表

神话题目	主人公	主要故事情节

2. 小组交流

（1）小组交流我的春节神话传说

（2）小组讨论决定需要表演的神话故事

小学综合实践活动的
设计与实施 xiaoxue zonghe shijian huodong
de sheji yu shishi

（3）小组人员分工

3. 故事表演

（1）根据分工表，完成自己部分的准备

（2）进行彩排后在班级范围进行表演

4. 分享活动感悟

活动设计四：健康年夜饭的菜单制定

活动目标：

1. 让学生了解和熟悉春节年夜饭的习俗和传统菜单。

2. 让学生了解健康饮食的重要性。

3. 培养学生的创意和想象力。

4. 提高学生的团队合作能力。

活动准备：

1. 准备一些春节传统菜品的图片和视频，便于学生了解。

2. 提供一些健康饮食的资料，让学生了解健康饮食的重要性。

3. 准备一些空白菜单卡片，用于学生制定自己的健康菜单。

4. 准备一些装饰材料，如彩纸、贴纸等，用于美化菜单。

活动步骤：

1. 教师引导学生了解春节年夜饭的习俗和传统菜单，通过图片和视频展示一些经典菜品；

2. 教师讲解健康饮食的重要性，让学生了解健康饮食对身体的好处。

3. 学生分组进行创意和想象力的激发，制定自己的健康菜单，教师指导。

附：《年夜饭菜单》

年夜饭菜单

冷菜	素菜	荤菜	点心

学生分组展示自己的菜单，并进行简单的介绍和解释，教师进行点评和总结。

4. 分享活动感悟

活动设计五：为置办年货算算账

活动目标：

1. 让学生了解和熟悉春节置办年货的习俗和传统。

2. 培养学生的数学计算和统计能力。

3. 提高学生的团队协作能力。

4. 让学生了解家庭开销和理财知识。

活动准备：

1. 准备一些春节置办年货的图片和视频，便于学生了解。

2. 提供一些家庭开销和理财知识的资料，让学生了解置办年货的相关知识。

3. 准备一些纸、笔等简单的计算工具，便于学生进行统计和计算。

4. 准备一些空白购物清单卡片，用于学生制定自己的购物清单。

活动步骤：

1. 教师引导学生了解春节置办年货的习俗和传统，通过图片和视频展示一些经典年货。

2. 教师讲解家庭开销和理财知识，让学生了解置办年货需要注意的事项。

3. 学生分组进行购物清单的制定，教师指导。

学生分组展示自己的购物清单，并进行简单的介绍和解释，教师进行点评和总结。

附：《我的购物清单》

我的购物清单

物品名称	类别	用途	价格

4. 分享活动感悟

"揭秘8424"综合实践活动设计

浦东新区惠南小学　徐雨婕

相关领域：自然、信息技术、劳动技术
适用年级：五年级

活动概述：

本次"揭秘8424"综合实践活动旨在通过实践来帮助学生全面了解8424西瓜的栽培过程，增强学生对农业科技和农业文化的认识和理解，培养学生的耐心和细心，激发学生的学习兴趣和创新意识。通过此次活动，学生将有机会亲身体验种植过程，了解相关的农业知识和技能。

活动目标：

1. 帮助学生通过实践了解8424西瓜的生长过程，了解西瓜生长的时间和条件。

2. 培养学生的团队合作精神和沟通能力，通过合作完成活动的各个环节。

3. 提高学生对农业科技和文化的认识与理解，让学生体验到农业的魅力和重要性。

4. 培养学生的观察和记录习惯，让学生掌握基本的实地调查和研究方法。

5. 培养学生的责任感和生命意识，让学生懂得珍惜自然资源和爱护环境。

所需教学材料和资源：

1. 种植用具：有机肥料、种子、苗木、水壶、铲子等。

2. 活动资料：相关资料和参考书籍，包括 8424 西瓜的生长过程、适宜的生长环境和方法等资料。

3. 教学设备：种植场地、水源、苗床等。

4. 学生个人用具：手套、园艺剪、带帽子的衣服、雨衣等。

活动一：认识 8424 西瓜

活动要求：

在种植 8424 西瓜之前，首先需要让学生全面了解这种特产西瓜的特点、生长环境和适宜的种植方法。因此，本节活动的主要要求包括：

（1）让学生明确本次活动的目的和意义，了解活动的主题和内容。

（2）介绍 8424 西瓜的生长特点和所需的生长环境，让学生了解这种西瓜的种植条件和特点。

（3）让学生通过观察和比较，了解 8424 西瓜与其他常见西瓜品种的区别和优势。

活动步骤：

（1）师生共同讨论 8424 西瓜的相关知识：教师首先向学生介绍 8424 西瓜的基本情况，包括种植历史、主要产地、特点和营养价值等。通过图片、视频或实物展示，让学生直观地了解这种西瓜的外观特点和口感。

（2）学生观察和比较：教师向学生展示 8424 西瓜的样品，让学生们仔细观察其外观，包括形状、颜色、纹理等方面的特点。学生可以分组进行观察比较，记录下各组成员对于 8424 西瓜外观的感受和认识。

（3）小组调研：教师将学生分成小组，每个小组负责调研 8424 西瓜的一个方面，如生长环境、种植技巧、营养价值等。学生可以通过图书馆、互联网或实地考察等多种方式获取相关信息。师生互动引导，确保学生对所调研的内容有准确的理解。

附：《调查表》

调查表

关于 8424 西瓜 （我已知的）	关于 8424 西瓜的种植 （我想知道的）	（我打算如何了解）	通过调查 （我了解到了）

小学综合实践活动的
设计与实施 *xiaoxue zonghe shijian huodong
de sheji yu shishi*

（4）学生分享和展示：每个小组将自己调研的结果整理成报告形式，包括文字、图片、图表等，向全班展示和分享。每个小组成员有机会发言，说明自己的调研过程、发现和总结，其他同学也可以提问或附和。通过分享和讨论，学生对 8424 西瓜有更全面、深入的认识。

（5）整理和总结：活动结束后，教师与学生一起总结活动的收获和体会。可以通过讨论、写作或绘画等方式来表达自己对于 8424 西瓜的认识和感受。同时，教师可以梳理学生调研的成果，并进行适当补充，确保学生对于 8424 西瓜的认识更加准确和全面。

活动二：种植 8424 西瓜

活动要求：

（1）学生了解种植 8424 西瓜的具体步骤和技巧，掌握种植要点和注意事项。

（2）学生能够分工合作，按照种植计划，完成种植过程中的各项任务。

（3）学生能够培养细心和耐心，注重观察和记录，及时采取措施应对可能出现的问题。

活动步骤：

（1）准备工作：教师组织学生对种植区域进行清理等准备工作，确保种植场地整洁适宜。准备好种植工具和种子苗木，为学生提供充足的肥料、水源和其他必要的材料。

（2）划定种植区域：根据种植计划和场地的具体情况，教师指导学生划定种植区域，进行合理布置。根据 8424 西瓜的生长特点，确保每株西瓜的间距和排列方式。

（3）种植过程：教师向学生详细介绍种植 8424 西瓜的步骤和技巧，包括土壤处理、肥料施用、种子埋深、定植和浇水等。学生按照指导，分工合作，逐步完成每个步骤。

附：《活动计划表》

活动计划表

主题名称：		组长：		组名：
实施步骤			修改完善	

续表

所需材料：

成员	分工

（4）管理和维护：学生在种植过程中，应该密切关注西瓜的生长情况，及时采取措施解决出现的问题，如病虫害防治、灌溉管理等。教师可以提供必要的指导和建议，帮助学生解决实际困难。

（5）观察和记录：学生应该培养观察和记录的习惯，定期观察西瓜的生长情况，记录下每个阶段的变化和观察结果。这些记录将有助于学生对西瓜生长过程的理解和分析。

（6）结束和总结：在种植活动结束后，教师和学生一起对种植过程进行总结和评价。学生可以分享种植中的收获和体会，教师则可以对学生的表现给予评价和指导。

活动三：观察记录

活动要求：

（1）学生需培养观察力，仔细观察西瓜的生长情况，注意观察各个阶段的变化和特征。

（2）学生需要记录每次观察的结果和发现，包括生长速度、果实大小、叶片颜色等方面的变化。

（3）学生可以通过图画、文字、照片或视频等方式进行记录，以便将来进行总结和展示。

活动步骤：

（1）学生观察西瓜的生长情况：教师带领学生到种植区域观察 8424 西

瓜的生长情况。学生可以观察植株的高度、叶片的颜色和形态、果实的大小和形状等。教师引导学生仔细观察，并提醒他们注意细节。

（2）学生记录观察结果：学生在观察过程中，可以根据自己的喜好和习惯选择合适的方式记录。他们可以画下西瓜植株示意图，标注每个部位的特点；可以拍摄照片或视频，记录下时间节点的变化；还可以写下文字描述，具体记录观察到的结果和变化。

（3）教师与学生交流和分享：活动结束后，教师将组织学生进行交流和分享。学生可以互相展示自己的观察记录，分享自己的发现和体会。教师可以引导学生讨论，深入分析西瓜生长的原理和规律。

（4）总结和展示：教师组织学生对观察记录活动进行总结和展示。可以安排学生进行汇报和展示，分享自己的观察结果和心得体会。同时，教师也可以提供必要的指导和反馈，帮助学生们进一步理解西瓜的生长过程。

附：《种植观察记录表》

种植观察记录表

组名：	记录人：
日　　期	生长情况（文字描述 / 图片 / 照片）

◢ 活动四：收获分享

活动要求：

（1）学生需要整理和汇总之前的观察记录和成果，准备展示材料。

（2）学生需要准备分享的内容，包括自己对西瓜种植的认识和体会，以及对于农作物种植的思考和展望。

（3）学生需要选择合适的方式分享，如口头报告、展板制作、PPT演示等。

活动步骤：

（1）准备分享材料：学生根据之前的观察记录和成果，整理和汇总自己的观察结果和收获。他们可以选择合适的方式展示，如制作展板、设计PPT演示等。同时，教师可以提供必要的指导和建议，帮助学生们提取和展示重点内容。

（2）学生分享：学生准备好分享材料后，可以进行分享。每位学生根据自己的准备情况，选择合适的方式分享，如口头报告、展板展示、PPT演示等。学生们可以分享自己的观察结果、收获和体会，以及对于农作物种植的思考和展望。

（3）同学评价和提问：在学生分享的过程中，其他同学可以提问和评价。他们可以就分享内容提出问题，也可以对分享者的表现给予评价和认同。这种互动可以促进学生的思考和交流，进一步加深对于种植活动的理解和认识。

（4）教师总结和评价：在学生分享结束后，教师可以进行总结和评价。教师可以对学生们的表现给予肯定和鼓励，同时也可以提出建议和指导，帮助学生们进一步完善自己的分享内容和表达方式。

活动五：成果展示

活动要求：

（1）学生需要整理和展示种植8424西瓜的过程和结果，包括种植计划、观察记录、收获分享等内容。

（2）学生需要选择合适的方式进行展示，如展板、海报、视频等。

（3）学生需要进行展示前的准备，包括布置展示区域、制作展示材料等。

活动步骤：

（1）准备展示材料：学生根据之前的观察记录、收获分享等内容，整理和准备展示材料。每组学生根据本组实际擅长的技能制作展板、设计海报、编辑视频等方式，将种植8424西瓜的过程和结果展示出来。

（2）布置展示区域：教师和学生一起布置展示区域，将展示材料摆放在合适的位置。可以选择在教室或是学校的公共区域进行展示，确保其他学生和老师都能够看到。

（3）学生展示：学生轮流展示，可以根据自己的准备情况选择合适的方式。他们可以讲解展板的内容、播放视频、分享观察记录等。学生可以详细

小学综合实践活动的
设计与实施 xiaoxue zonghe shijian huodong
de sheji yu shishi

介绍种植 8424 西瓜的过程、结果和经验，向观众展示自己的成果和收获。

（4）同学互动和提问：在展示的过程中，其他同学和老师可以提问和互动。他们就展示内容提出问题，或是分享自己的观点和经验。学生们回答其他同学的问题，进一步展开讨论和交流。

（5）教师总结和评价：在展示活动结束后，教师进行总结和评价。教师对学生们的展示给予肯定和鼓励，同时也可以提出建议和指导，帮助学生进一步完善自己的展示内容和表达方式。

附：《种植活动评价表》

种植活动评价表

小组名称		评价小组			
评价内容	标准描述		值得学习	基本完成	还需改进
遵守纪律	在种植过程中，能够不打扰其他小组成员，且做到文明操作				
步骤合理	种植步骤符合要求				
分工明确	小组成员均有任务，做到人人参与				
技术运用	在进行种植时，能够正确使用工具，且能够有序、科学地种植种子				

"传统文化之二十四节气"综合实践活动设计

浦东新区惠南小学　张楠祥　陈慈恩

相关领域（学科）：自然、劳动技术、语文、艺术

适用年级：三、四、五年级

活动概述：

二十四节气是中华民族传统农耕社会的一种生活体验与文化记忆，更是中华民族一种古老的生存智慧与人生哲理。本主题活动围绕着二十四节气，采用项目化学习方式，引导学生结合生活实际，从不同角度了解与感受传统节气文化。活动主要分为 4 个模块：了解节气，制定计划；小组分工，开展研究；整理成果，交流评价；体验活动，感受节气。这一系列实践活动遵循了学生的认知规律，旨在让学生能够循序渐进地了解节气的内涵，感受节气的魅力，领略传统文化的精髓，有效保证活动的教育意义。

活动过程充分发挥学生的主体地位，鼓励学生自主参与，自主学习。通过交流与分享进行头脑风暴，集思广益，通过动手制作深入内化知识，迁移运用。活动形式重点在于实践，化枯燥的理论知识为生动的实践经验。学生对二十四节气的认知不再只是浮于表面文字的认识，而是能从中感受到草木鸟兽的活动变化，大自然的神奇与美妙，进而萌发探究的意识和求知的欲望，学习传统文化的积极性与主动性得到有效提升。从能力培养的角度看，本活动通过对信息的筛选和处理，旨在提高学生处理信息的能力；通过小组合作，使学生形成一定的合作意识，强化思维能力和语言表达能力；通过动手实践，加强学生的动手操作能力。活动内容综合多种领域知识，进一步提

小学综合实践活动的
设计与实施
*xiaoxue zonghe shijian huodong
de sheji yu shishi*

升了学生的综合学科素养，有助于培养多元人才。

活动目标：

1. 通过小组合作学习，初步认识和了解不同节气，选择二十四节气中的某个节气，共同设计一份介绍方案。

2. 各组代表之间进行相互沟通、反馈，搜集意见，积极参与讨论，大胆提出质疑，并对方案进行修改和完善。

3. 通过多种形式记录身边的节气现象，并进行汇报展示，切身体会不同节气的魅力所在。

4. 配乐吟诵有关节气的古诗词并进行诗词鉴赏，感受古人眼里的传统节气。

5. 知道各节气对应的季节以及各节气的气象特点与农业的联系。

6. 体验节气相关农耕实践，了解传统习俗的寓意，培养劳动能力。

7. 体验制作节气美食和手工艺品，体会不同节气的趣味，培养对中国传统文化的浓厚兴趣。

8. 自制二十四节气小转盘，深入了解二十四节气的习俗、食俗、诗词等，进一步领略和传承中国传统文化。

所需教学材料和资源：多媒体课件、网络资源、学校图书馆、海报纸、画笔、相关食材、手工材料、空白明信片等

活动一：

活动要求：

1. 通过各种途径查阅和搜集二十四节气的相关资料，为设计方案做好准备。

2. 小组合作，选择二十四节气中的某个节气，共同设计一份介绍方案，清晰地呈现相关节气的知识，如农事特点、农历节日、民风民俗、饮食养生、民间谚语、诗词鉴赏等，明确分工。

活动步骤：

一、整体感知

1. 初步了解"二十四节气——中国独有的一种历法"。

在教师的引导下，学生整体感知本活动主题。可以从二十四节气来历、二十四节气和历法、二十四节气和季节、二十四节气和物候、二十四节气气

候与农业等方面进行了解。

2. 播放《二十四节气歌》，感受二十四节气的影响。

3. 头脑风暴，集思广益，发表见解。

二、制定介绍方案

1. 全班进行分组，5—6 人为一组，确定组长，取组名。

2. 各小组确定节气主题。（各组间的节气主题尽量不要重复）

3. 对收集到的信息（文字、图片、视频）进行筛选、分类、整理、归类，完成《笔记记录表》的填写。

附:《笔记记录表》

笔记记录表

姓名:	笔记主题:	日期:
要点区:	记录区:	
总结区:		

4. 小组讨论，确定介绍内容，完成《节气介绍方案》的填写。

附:《节气介绍方案》范例（介绍内容可自拟，内容与介绍的节气相关即可）

节气介绍方案

节气主题名称:		组长:	组名:
时　　间			
名称由来			
气候特征			
三　　候			
农事活动			

民俗活动	
相关吃食	
诗词与民间谚语	
修改完善	

成员	小组分工安排

活动二：

活动要求：

1. 小组代表就本组的《节气介绍方案》进行汇报。

2. 其他小组成员提出疑问。

3. 各组在组内就疑问进行讨论，成员发表自己的意见和看法，找出解决方法。

4. 小组成员在听取了其他组的方案后，在自己的组内再进行讨论，收集其他组的意见和看法，对原方案再次进行修改和完善。

活动步骤：

一、交流节气介绍方案

分组确定节气介绍的内容，完成小组汇报。（在此期间，老师要引导同学们进行讨论，并进行辨析）

（1）每个组派一名代表汇报小组设计的节气介绍方案，重点介绍节气的气象、农事特点、食俗、民俗等，要用简洁明了的语言说清楚。（可借助图片、视频的形式展示）

（2）组长汇报完后同组组员适时进行补充。

（3）其他组要注意倾听，可以和自己的组员小声地讨论、评价各组的表现。（完成小组评价表）

（4）在组员补充完毕后，由其他组员进行评价，并提出自己的疑问或意见和建议。

二、修改完善方案

小组全体成员针对其他小组的疑问或建议进行讨论，修改和完善设计方案。

附：《小组评价表》

小组评价表

对方小组：		评价小组：
节气主题名称		
评价要求	请根据实际情况打"☆"	我们的建议
主题恰当		
内容清晰		
分工明确		
介绍完整		

评价规则：一般（☆☆☆）较好（☆☆☆☆）很好（☆☆☆☆☆☆）

活动三：

活动要求：

1. 通过绘画、照片、视频、录音等多种形式记录身边的节气现象，小组汇总进行交流展示。

2. 制作不同节气主题的专属明信片，传递节气风光。

活动步骤：

一、寻找节气点滴

1. 分小组寻找各自身边的节气现象，做好相应记录。

要求：记录形式不限，鼓励前往不同地区去寻找，活动完成时间为一周。

2. 各小组通过 PPT、手抄报、小画册、视频等形式汇报展示所找到的节气现象。

二、制作专属明信片

1. 提供节气主题明信片模板（如：夏至）

小学综合实践活动的
设计与实施 xiaoxue zonghe shijian huodong
de sheji yu shishi

2. 学生发挥创意制作和邮寄专属明信片。

3. 小组自评与互评本阶段表现。

活动四：

活动要求：

1. 能富有情感地朗诵节气有关的古诗。

2. 知道不同古诗写的是哪个季节，与哪个节气有关。

3. 学会理解诗句的意思，感受古人眼里的传统节气。

4. 小组朗诵节气古诗，评选最佳朗诵小组。

活动步骤：

一、诗词鉴赏

理解不同节气的诗句。

（1）齐读诗句。

（2）交流反馈问题。

（3）能用简练的语言说清楚诗句的大意，其他组员可以适当补充。

（4）结合生活经验，谈谈对古诗词的理解与感受。

二、古诗吟诵

1. 各小组挑选自己最喜欢的古诗进行吟诵。

2. 配乐吟诵。

3. 汇报展示，评选最佳节气朗诵小组。

4. 评价。

附：《评价标准表》

评价标准表

项　目	具体要求	分　值	得　分
仪表仪态（15分）	衣着大方得体	5分	
	举止自然从容	5分	
	精神饱满昂扬	5分	
语言表达（40分）	朗诵熟练，声音响亮	10分	
	吐字清晰，读音准确	10分	
	抑扬顿挫，富有节奏	10分	
	声情并茂，有感染力	10分	
态势神情（30分）	有相应的肢体动作	15分	
	眼神，表情表达准确	15分	
创新意识（10分）	朗诵形式富有创意	10分	
时间要求（5分）	时间为5分钟内	5分	

活动五：

活动要求：

1. 通过农耕活动，亲身体会并学习关于自然的知识和经验，建立与大自然的联结，了解节气有关的民俗、天气、农耕等知识。

2. 进行农耕实践，树立劳动意识，培养劳动能力。

活动步骤：

一、实践操作农耕

1. 各小组讨论现在是哪个节气？适合开展什么农耕活动？为什么？

2. 各小组发言交流。

3. 按照计划与分工，实践操作农耕。

二、反馈总结，明确二十四节气中"天人合一"的精神文化

1. 绘制心得体会海报。

2. 小组派代表交流农耕的过程中的心得和体会。

三、小组自评与互评本阶段表现

回顾小组实践的过程，现进行小组自评与互评。

小学综合实践活动的
设计与实施
xiaoxue zonghe shijian huodong
de sheji yu shishi

附:《小组评价表》

小组评价表

项　　目	评价标准	评　　价
参与农耕	每个组员能够积极实践操作农耕	🐼 🐼 🐼
有序合作	在实践操作农耕中，每个人根据小组的分工，能互相合作	🐼 🐼 🐼

活动六：

活动要求：

1. 学生动手制作节气美食，培养劳动能力。

2. 节气当天每位同学带来自己制作的节气美食，一起展示、分享、品尝。

活动步骤：

一、反馈制作节气美食的过程，发表感受，展示动手成果

1. 畅所欲言，展示自己制作的节气美食，说一说自己的制作过程和感受等等。

2. 以小组为单位探究"舌尖上的二十四节气"。

（1）交流不同节气的不同美食。

（2）学习适合不同节气的科学食谱。

（3）理解不同节气美食的内涵。

二、现场制作节气美食，感受劳动乐趣

1. 学生动手尝试制作，教师巡视指导。

2. 学生品尝节气美食。

活动七：

活动要求：

1. 学习节气手工制作，体验节气游戏的乐趣。

2. 在互赠手工艺品的过程中提升语言表达能力和人际交往能力，感受分享的快乐。

活动步骤：

一、学习制作节气手工

1. 了解节气手工艺品的来源。

2. 教师示范教学手工艺品。

（1）准备所需材料，教师示范教学。

（2）学生动手制作手工艺品，教师巡视指导。

二、互赠作品增情谊

1. 明确要求：赠送方要说明来意和期望，受赠方要及时表达感谢。

2. 各组组员在组内互相赠送手工作品，注意交际礼仪。

活动八：

活动要求：

1. 小组合作，通过画思维导图或制作二十四节气小转盘的方式，整合、梳理关于二十四节气的各类资料。

2. 回顾整个活动的过程和成果，发表感悟。

3. 总结整个"传统文化之二十四节气"主题实践活动。

活动步骤：

一、整理活动资料，完成思维导图或小转盘

小组内部进行各类资料的筛选、收集、整合，并最终进行制作。

（1）整理素材、节气介绍方案、小组评价表、作品等。

（2）按照日期与类别，将纸质材料进行分门别类整理归档。将电子素材在电子设备上进行文件夹归档。

（3）制作思维导图或二十四节气小转盘。

二、各小组汇报"传统文化之二十四节气"实践活动的成果

1. 小组通过展示 PPT、思维导图、二十四节气小转盘等形式，展示整个活动的内容与感受。

2. 回顾实践活动内容，总结学习的方法，发表心得感悟，完成《反思版通行证》和《评估版通行证》。

附：《反思版通行证》《评估版通行证》

反思版通行证

我学到的东西		

小学综合实践活动的
设计与实施 *xiaoxue zonghe shijian huodong
de sheji yu shishi*

续表

我的问题

我的建议

评估版通行证

姓名：	小组：

1. 通过项目活动，我学会了创造性地复述节气的相关信息，会用学到的知识和方法介绍。

☺ ☺ ☺

2. 通过参与这个活动，调动了我创造性介绍"二十四节气"的积极性，锻炼了我的能力。

☺ ☺ ☺

3. 我喜欢以小组合作的方式完成任务，同学们给了我很多帮助。

☺ ☺ ☺

4. 我觉得项目化学习的效果不错，相比之前的上课形式，我更喜欢项目化学习的方式。

☺ ☺ ☺

三、评价总结

1. 评选最优秀实践小组。

2. 教师总结活动，并做未来展望。

"Hui 美校园，我 Hui 添彩"综合实践活动设计

浦东新区惠南小学　朱　晶

相关领域：自然、美术、信息技术、英语、语文

适用年级：四年级

活动概述：

一方水土养一方人，一所学校育数代人，学校是学生成长的重要场所，它不仅仅是一个场所的含义，更有着育人的内涵。本主题活动围绕"15分钟幸福圈"综合活动，结合校训"惠人惠己，成人成才"，以校园为活动实施主场地，开展主题为"Hui 美校园，我 Hui 添彩"的系列综合实践活动。

本主题活动采用项目化学习的方式，主要通过"了解项目、制定计划，小组分工、开展活动，整理成果、交流评价"这三个模块来完成。通过一系列具有相关性、实践性和递进性的主题探究活动，层层推进学生对校园文化的认识—理解—认同—融入，丰富学生的课后服务内容，在有限的课后服务时间里，感受校园环境的丰富多彩，体验校园生活的无限精彩，领悟生命成长的夺目光彩，激发学生对学校的热爱，对生命的热爱，培养学生处理信息的能力、小组合作的能力和动手实践操作的能力，从而使学生形成合作意识，促进培养自主探究的意识与创新能力。

活动目标：

1. 搜集校园环境的相关资料，为设计方案做好准备。小组合作，共同设计一份方案，明确分工，画出校园平面图。

小学综合实践活动的
设计与实施
xiaoxue zonghe shijian huodong
de sheji yu shishi

2. 小组代表交流和反馈，收集意见，修改完善方案。在认真倾听其他小组方案介绍后，仔细思考，积极讨论，大胆提出质疑。

3. 利用所准备的材料，依据设计方案，完成校园写生或植物种植。通过小组协作，培养合作意识。并学会利用表格记录的形式观察记录写生情况或种植情况，在课堂上有条理地与大家交流。

4. 学会观察植物细微变化，利用文字与图片相结合的方式在观察记录表中记录植物的生长过程。

5. 学会向他人展示植物的成长点滴，用自己的方式交流观察到的植物生长过程，帮助大家解决疑问，并有自信地发表感悟。

6. 通过整个实践活动，让学生学会合理地运用科学知识，提高解决问题的能力。

所需教学材料和资源： 多媒体课件、网络资源、学校图书馆等

活动：Hui 美校园，我 Hui 添彩

活动要求：

1. 学生在课后服务时间段参观校园，了解学校的大致环境，如场所名称、场所位置、场所特点等，通过采访访谈、浏览网站查询资料等学习方法了解并搜集校园的相关资料，为设计方案做好准备。

2. 小组合作，模仿旧的校园平面图，较清晰地画出校园平面图，适当美化。

3. 小组合作，选择自己感兴趣的活动内容，设计一份"我为校园添彩"的方案计划，明确分工。

活动步骤：

一、整体感知

1. 初步了校园环境，在教师的引导下，利用课后服务时间带领学生参观校园。

2. 参观过程中，学生采访教师，了解校园场所的名称或由来等，做好采访记录。

3. 参观后利用学校机房登录校园网，查阅相关资料，完善相关信息。

二、绘制校园平面图

1. 整理相关资料。

2. 阅读旧的校园平面图，了解平面图的要素（强调位置和场所名称的正确）。

3. 小组合作完成校园平面图。

4. 进行适当美化。

三、制定计划

1. 根据自己的喜好选择活动内容。

2. 进行分组，确定组长，取组名。

附：《活动内容分类表》

活动内容分类表

内　　容	相关学科	意愿（打√）	小组名称	组长	小组成员
Hui 美校园，我 Hui 写生	语文 美术 信息技术				
Hui 美校园，我 Hui 种植	自然 语文				
Hui 美校园，我 Hui 志愿	语文 数学 劳动技术				
Hui 美校园，我 Hui 导游	英语 语文 信息技术				

活动：Hui 美校园，我 Hui 写生

活动一

活动要求：

1. 小组合作完成 Hui 美校园写生集，确定内容。

2. 明确分工，完成分工表。

3. 代表介绍小组方案，并交流汇报。

4. 在认真倾听其他小组方案计划后，仔细思考，积极讨论，大胆提出质疑。

5. 收集其他组提出的意见，小组内讨论，修改完善方案。

活动步骤：

一、确定内容

可以是校园某几个场所写生，也可以是同一个地方不同时间、季节或天气等不同情境下的写生。

二、明确分工

如准备材料、场所分工、情境分工、方案介绍分工、成果介绍分工等。

三、交流方案

分小组介绍各自的设计方案（教师在学生交流方案的过程中，适时引导学生互相交流，互相辨析。）

（1）每个组派一名代表陈述小组设计的方案，重点介绍主题内容、写生风格等，要用简练的语言说清楚。

（2）同组组员适时补充。

（3）其他组认真聆听，仔细思考，可与组员轻声讨论，并对发言小组进行评价（填写评价表）。

（4）在介绍完方案后，其他小组成员进行评价。

（5）大胆提出疑问或提出建议与意见。

四、修改完善方案

1. 交流方案的小组收集意见，结合实际情况，由记录员记录其他小组成员提出的建议和意见。

2. 小组全体成员进行讨论，修改和完善设计方案。

附:《小组分工表》《小组评价表》

小组分工表

小组名称		小组长	
写生内容			
分工安排	成员		备注
材料准备			
地点分配			
方案介绍			
成果介绍			

小组评价表

对方小组		评价小组	
写生内容			
评价要求	请根据汇报小组情况打"√"		我们的建议
内容恰当			
风格合理			
分工明确			
计划完整			

活动二

活动要求：

1. 小组能依据设计方案，协作完成 Hui 美校园写生手册。

2. 根据不同内容，进行为期 2 个月的 Hui 美校园写生。

活动步骤：

一、准备材料

根据各自写生风格，准备材料。组长能协调、机动地安排材料准备的分工、人员的调动。

二、写生

在课后服务时间段，在专业教师的指导下开展写生。

三、交流

1. 完成写生日志。

2. 沟通、交流写生过程中的心得，如难处、解决的办法、收获。

四、整理成册

将个人的写生成果，以小组为单位整理成册。

附：《写生日志表》

写生日志表

组名：		记录人：
日期：	写生内容：	写生心得：

活动三

活动要求：

1. 反馈写生总结，各小组进行汇报。

2. 与大家反馈交流，进行评价。

3. 运用信息技术，将写生成果与一开始的校园平面图相结合，完善平面图。

小学综合实践活动的
设计与实施
xiaoxue zonghe shijian huodong
de sheji yu shishi

活动步骤：

一、交流写生成果

课后服务时间段，分小组汇报各自的写生心得和写生成果。

1. 说说写生的心得。

2. 也可以说说写生过程中出现的问题及这些问题是如何解决的。

3. 展示写生成果，并进行介绍。

二、完善校园平面图

1. 请信息老师协助，学会使用扫描仪，扫描写生成果与之前设计的校园平面图。

2. 结合信息技术，将写生成果放入校园平面图中，如三杏庭旁插入三杏庭的写生画，美化平面图。

三、反馈与评价

1. 进行小组互评。

2. 教师总结评价。

附：《活动评价表》

活动评价表

对方小组		评价小组			
评价内容	标准描述		值得学习	基本完成	还需改进
遵守纪律	在写生过程中，能有序、文明地进行操作，轻声交谈与讨论。				
团队协作	协调配合，有效合作。				
表达交流	口齿清楚，通顺流利。				
技术运用	在完善平面图时间，能利用信息技术，将写生作品进行较好的融合，注意布局美观。				

活动：Hui 美校园，我 Hui 种植

（种植在教室走廊里的半空花坛中或教室的植物角）

活动一

活动要求：

1. 学生自主通过各种途径查阅各类资料、登录网站等学习方法了解并搜集植物花语的相关资料，为设计方案做好准备。

2. 小组合作，共同设计一份方案计划，明确分工。

活动步骤：

一、整体感知

1. 初步了解每种植物所含。

在教师的引导下，学生整体感知本活动主题。

2. 课后服务期间利用学校机房查询资料了解各类植物的花语。

二、制定计划

1. 确定组长，取组名。

2. 各小组确定种植的植物与种植地点。

查询资料，结合自己班级的中队名，决定合适的班级植物，并决定种植地点。

3. 进一步收集资料，如种植的方法、植物的喜好等，筛选所搜集的资料（文字、图片、视频）。

（1）讨论整理资料的方法。

（2）教师辅导，演示文件夹简单操作（新建、选定、删除），文件夹间进行文字或图片文件的操作（选定、移动、剪切、复制、粘贴、删除）。

（3）学生正确使用文件夹，对各自搜索保存的资料进行分类整理。

附：《植物卡信息收集表》

植物卡信息收集表

Know 关于这种植物 我已知的	Want 关于这种植物 我想知道的	How 关于这种植物 我查询到的答案

活动二

活动要求：

1. 选购植物或种子播种。通过小组协作，培养合作意识。

2. 制作植物说明卡。

3. 进行为期 4 周的植物生长观察与记录。

小学综合实践活动的
设计与实施 xiaoxue zonghe shijian huodong
de sheji yu shishi

活动步骤：

一、实践操作种植

按照计划与分工，实践种植。可以选取种子，也可以选择小苗进行移栽。利用课后服务时间，在教师的指导下开展种植。

二、制作植物卡

1. 根据之前搜集整理的资料，筛选、提炼相关信息。

2. 合作完成植物卡，如植物的名称、特性、养殖方式等，进行适当美化。

3. 各小组交流展示植物卡，提出修改或学习之处。

三、反馈总结、明确观察植物和记录其生长的方法

1. 交流移栽和播种过程中的心得体会。

2. 讨论观察记录的方法。

（1）出示种植观察记录表。

（2）讨论观察记录的方法。

a. 文字与图画相结合

在为期 4 周的时间里，学生要在相应的表格内用文字与图画形式，记录植物的生长天数与情况，也可以再画画它们的模样。

b. 拍照记录植物的显著变化和出现的问题等。在这个过程中，通过图像每天都可以看到植物小小的变化。

附：《种植观察记录表》

种植观察记录表

我观察到：
我发现了：
我猜这可能是因为：
因此我觉得要解决的问题是：

四、小组自评与互评本阶段表现

回顾小组实践种植的过程，结合成员在探究过程中的表现进行小组自评与互评。

附:《活动评价表》

活动评价表

对方小组		评价小组			
评价内容	标准描述		值得学习	基本完成	还需改进
遵守纪律	在种植过程中,能有序、文明地进行操作,轻声交谈与讨论。				
团队协作	协调配合,有效合作。				
表达交流	口齿清楚,通顺流利。				
技术运用	在进行种植时,能利用铲子等工具轻轻地挖取,并用手保护小苗。				

活动三

活动要求:

1. 反馈与展示种植观察记录,培养表达交流的能力。

2. 在大家的帮助下解决观察期间的疑问,形成团队协作的意识。

活动步骤:

一、反馈植物生长情况,发表心得

1. 畅所欲言,与大家交流等待和观察植物生长过程中的疑问与心得。

2. 以小组为单位反馈植物生长观察情况。

(1)投影展示、交流分析种植观察记录表。

(2)其他组在听完后可以大胆提出疑问、建议和意见。

3. 展示植物实物,简单介绍现状。

二、各小组按照计划继续实践

活动四

活动要求:

1. 有效摘取植物叶片或花朵。

2. 学做植物标本。

3. 回顾种植活动的过程和成果,发表感悟。

活动步骤:

一、学做植物标本,完善植物角的介绍

1. 有效摘取植物的某一部分,不破坏植物。

2. 选择材料,制作标本。

3. 进行塑封,标注。

小学综合实践活动的
设计与实施 xiaoxue zonghe shijian huodong
de sheji yu shishi

二、整理活动资料，完成实践活动

小组内部进行各类资料的筛选、收集、整合，并最终归档。

1. 整理素材、计划表、观察记录表、评价表、作品等。

2. 按照日期与类别，将纸质材料分门别类整理在档案袋中。电子素材在电子设备上进行文件夹归档。

三、各小组汇报"种植"实践活动成果

1. 小组通过展示 PPT、手抄报、电子小报、小画册等形式，展示植物成长日志。

2. 各小组交流整个探究过程中的疑惑，总结探究的方法，发表心得感悟。

四、评价总结

1. 评选优秀实践小组。

2. 教师总结整个活动。

"我与蔬菜共成长"综合实践活动设计

浦东新区惠南小学　谈紫箐

相关领域：自然、劳动技术、数学

适用年级：以3、4年级为重点，1、2年级也可分得一些较小地块儿作为实践乐园

活动概述：

本次活动作为"慧谷农场"的主题项目之一，围绕"我与蔬菜共成长"进行。让同学们在劳动中养成正确的劳动观念和初步的劳动能力，成为劳动小能手，达到课程总目标，逐步形成学科核心素养。

通过"我与蔬菜共成长"这一主题探究活动，体会劳动光荣、劳动无高低贵贱之分的道理，认识到美好生活离不开各行各业的劳动者。尊重劳动，尊重普通劳动者，初步形成热爱劳动的态度。初步体验简单的种植、养殖、手工制作等生产劳动，能规范地使用常用的劳动工具，了解常用材料的作用与特征，对劳动过程中遇到的问题具有好奇心和探究欲望。懂得在劳动中遵规守约，初步学会与他人合作劳动。珍惜劳动成果，初步养成有始有终、专心致志的劳动习惯和品质。通过完成种植园项目的创建，可以使学生在劳动中学习，在劳动中锻炼，达到既获得劳动技能又开阔视野，获得劳动和收获的目的。

活动目标：

1. 能正确使用常用的劳动工具，有序地完成活动，具有初步的劳动安

小学综合实践活动的
设计与实施
xiaoxue zonghe shijian huodong
de sheji yu shishi

全意识。

2. 掌握 1 至 2 种当地常见蔬菜的种植方法，树立正确的劳动观，具备基本的劳动知识和技能。

3. 初步学会与他人合作劳动，在种植、栽培的过程中不怕困难，养成有始有终的劳动习惯，懂得劳有所得的道理。

4. 在劳动过程中遵守纪律，不怕脏、不怕累，初步养成认真劳动的习惯。

5. 通过实践活动，养成正确的劳动观念和拥有基础的劳动能力。

所需教学材料和资源：多媒体课件、网络资源、种植园、种子等

活动一：规划种植园

活动要求：

1. 农作物的相关知识。

2. 校内可以给学生作为种植园的空地。

活动步骤：

【环节一】选址

1. 教师活动：

（1）引导学生想一想学校哪里适合作为种植园的实践场地，提问在哪里选择合适的地块作为种植园基地合适？科普与农作物相关的知识。

（2）在确定选址后和学校相关负责人沟通，确定种植基地。

2. 学生活动：

（1）观察、思考哪里适合农作物生长。

（2）在老师引导下与同伴讨论，说一说哪里是选址的最佳位置。

3. 设计意图：校园内的空地、角落都是适合开辟种植园的场所，在不干扰正常教学活动的情况下选择种植基地。

附：《观察记录表》

观察记录表

观察人：（×× 小组）	观察时间：	观察地点：

我观察到：

我们小组选择这块土地更适合农作物的生长是因为：

可能会遇到的问题：

【环节二】选作物

1. 教师活动：引导学生有逻辑地选取农作物，培养学生计划先行的意识。

2. 学生活动：

（1）查找资料和小组讨论，完成农作物种植时间、种植方式及生长特点表。

（2）完成农作物种植时间和生长周期注意事项的填写。

选种农作物	种植时间和生长周期	注意事项
青菜	青菜_____皆可种植（只要气候不要太冷就行），生长期较短。	但管理工夫必须到家，需要充足的_____，需施上适当的肥料，还要经常捉捉虫子。青菜还需移栽才长得大、长得壮。
菠菜	菠菜大约在_____播种，三周左右就可食用。	管理方便，不需治虫，只需施些肥料即可。
萝卜	萝卜大约_____种植为好。	管理要到位，方能生长得更好。
大蒜	大蒜_____即可播种。	对_____的要求高。

3. 设计意图：要根据空间位置、季节来选择农作物，尽量选择易种养、环境适应能力强的作物。让学生在此过程中初步形成"关爱生命、尊重自然，遵循动植物生长规律和季节特点进行科学劳动"的观念。

【环节三】分区

1. 教师活动：引导学生科学规划分区，以确保农作物茁壮成长。

2. 学生活动：

（1）小组讨论，对选出的种植园根据农作物生长需求进行科学合理分区。

小学综合实践活动的
设计与实施
*xiaoxue zonghe shijian huodong
de sheji yu shishi*

（2）每小组准备分区牌。

3. 设计意图：根据土地区块大小和农作物生长特点、种植数量，合理分区。对选出的种植园根据农作物生长需求进行合理科学分区。

【环节四】安排日程

1. 教师活动：和学生一起，根据所掌握的农作物生长周期和规律合理安排种植日程。

2. 学生活动：填写下面的种植规划表，做到心中有数。

附：《种植规划表》

种植规划表

种植作物	种植时间	种植地点	种植规划

3. 设计意图：使学生对本次种植活动课程的进度安排做到心中有数。

活动二：种植农作物

活动要求：

锄头、铲子、菜刀、桶，带芽眼的土豆、草木灰。

活动步骤：

【环节一】选种

1. 教师活动：指导小组划分，和学生一起去市场选种。

2. 学生活动：

（1）仿照种植活动安排表进行规划和安排

附：《活动安排表》

活动安排表

种植园地点	"慧谷农场"	种植农作物	
组长		组员	
小组任务			
组内分工			
劳动工具			
种植材料			

（2）去市场选种

3. 设计意图：选出优良的种植种子，初步学会土培农作物的方法。

【环节二】整地

1. 教师活动：亲自示范，教学生如何使用农作工具。

2. 学生活动：

（1）能选择合适的易腐垃圾作为堆肥资源。

（2）学会安全使用锄头等劳动工具。

（3）学会翻地、打底肥、起垄等整地方法。

3. 设计意图：科学整地是种植农作物的根本，好的田地才能种出优良的作物。

【环节三】下种

1. 教师示范：教师依照下面的下种步骤进行示范。

2. 学生活动：跟随老师，进行以下下种步骤。

√ 挖坑：深度、大小合适。

√ 排种：芽眼朝上。

√ 覆土：盖上细土。

3. 设计意图：锻炼吃苦耐劳的良好劳动品质和精神。

4. 起垄过高，水就保不住。

活动三：管理种植园

活动要求：

能够提出问题，例：如何有效管理种植园？

活动步骤：

1. 学生头脑风暴，围绕关键问题讨论并记录。附：《记录表》

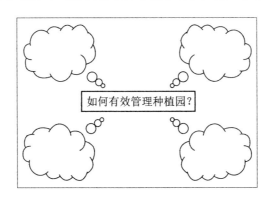

小学综合实践活动的
设计与实施
xiaoxue zonghe shijian huodong
de sheji yu shishi

2. 学生尝试开展活动。

3. 教师协助学生解决劳动过程中遇到的问题。

4. 总结与评价。

（1）总结参与种植园过程中的心得，并将自己的感悟与同学分享。

（2）完成下面的活动评价表，对此次实践活动进行反思。

（3）和老师同学们交流自己是如何解决劳动过程中遇到的问题的。

附：《活动评价表》

活动评价表

评价项目	自我评价	小组互评	教师总评
了解农作物养护的基本方法，能根据生长阶段选择合适的养护措施	♡♡♡	♡♡♡	♡♡♡
能根据情况合理选择劳动工具，并能安全使用	♡♡♡	♡♡♡	♡♡♡
在劳动过程中，不怕苦、不怕累	♡♡♡	♡♡♡	♡♡♡
持之以恒，坚持养护	♡♡♡	♡♡♡	♡♡♡
我的反思			

5. 设计意图：总结思考，加强记忆，使学生形成吃苦耐劳的劳动品质。懂得在劳动中遵规守约，初步学会与他人合作劳动。珍惜劳动成果，初步养成有始有终、专心致志的劳动习惯和品质。

活动四：展示种植园

活动要求：

学生整理种植园的相关资料，形成小报、微视频、PPT 等成果。

活动步骤：

1. 各小组展示自己的活动成果。

2. 师生评价。

"惠乐足球展风采"

——足球嘉年华综合实践活动设计

浦东新区惠南小学　朱　琳

相关领域： 体育、信息技术、美术

适用年级： 四年级

活动概述：

　　本主题活动围绕"惠乐足球展风采"进行，采用项目化学习的方式。主要通过"了解项目、制定计划，小组分工、开展研究，整理成果、实践评价"这3个模块来完成。这几个具有相关性、实践性和递进性的模块活动之间拥有丰富的层次，循序递进，这样的进阶性可以有效地引导学生在计划组织—交流表达—实践操作—观察感悟中学习与进步，以增强学生体质，培养学生拼搏进取、团结协作的体育精神。通过广泛开展校园足球活动，建立和完善我校足球联赛制度，在学生中普及足球知识和技能，形成校园足球文化，提高学生的足球兴趣，从而培养全面发展、特长突出的校际足球后备人才。

　　通过这个完整的主题探究活动，让学生了解足球文化，掌握足球的各项技能，激发对足球运动的兴趣，学会合理地运用体能与技能进行足球比赛，逐渐树立学练足球的意识；从能力培养的角度出发，培养学生小组合作的能力和拼搏进取的精神，培养团队合作的意识与创新能力。

小学综合实践活动的
设计与实施 xiaoxue zonghe shijian huodong
de sheji yu shishi

活动目标：

1. 搜集足球比赛的相关资料，为设计方案做好准备。小组合作，共同设计一份方案，明确分工。

2. 小组代表进行交流和反馈，收集意见，修改完善方案。在认真倾听其他小组方案介绍后，仔细思考，积极讨论，大胆提出质疑。

3. 利用所准备的材料，依据设计方案，完成足球嘉年华。通过小组协作，培养合作意识。

4. 组织"绘足球梦""话足球史""竞足球技""摄足球乐""抒足球心"各项活动。

所需教学材料和资源：多媒体课件、网络资源、学校图书馆等

活动一：设计方案

活动要求：

1. 学生自主通过各种途径查阅各类足球资料、为设计方案做好准备。

2. 小组合作，共同设计一份方案计划，清晰表述足球嘉年华的各项活动，明确分工。

活动步骤：

一、整体感知

1. 初步了解足球嘉年华相关内容。

在教师的引导下，学生整体感知本活动主题。

2. 头脑风暴，集思广益，发表见解。

二、制定计划

1. 前期准备

海报：小组分工，制作海报，宣传本次活动。

展板：介绍中国足球及世界足球，国足队员资料。

宣传片：3—5分钟。

标志：学校标志、班级标志。

学校足球节标志，足球队的口号、标志。

2. 表演环节

表演时间：5—10分钟
表演地点：_____
表演名称：_____
表演人员：_____
表演成效：优秀（　　）良好（　　）一般（　　）

3. 实践

同学们可以选择不同的主题开展综合实践活动，主题如下：

（1）绘足球梦。

（2）话足球史。

（3）竞足球技。

（4）摄足球乐。

（5）抒足球心。

附：《活动计划表》示例1、示例2

《活动计划表》示例1

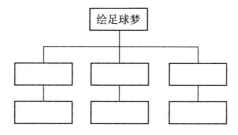

《活动计划表》示例2

小学综合实践活动的
设计与实施 xiaoxue zonghe shijian huodong
de sheji yu shishi

活动二：打磨方案

活动要求：

1. 小组代表介绍小组方案，并进行交流汇报。

2. 在认真倾听其他小组方案计划后，仔细思考，积极讨论，大胆提出质疑。

3. 收集其他组提出的意见，小组内讨论，修改完善方案。

活动步骤：

一、交流方案

分小组介绍各自的设计方案（教师在学生交流方案的过程中，适当引导，互相辨析）。

（1）每个组派一名代表陈述小组设计方案，要用简练的语言说清楚。

（2）同组组员适时补充。

（3）其他组认真聆听，仔细思考，可与组员轻声讨论，并对发言小组进行评价（填写评价表）。

（4）介绍完方案后，其他小组成员进行评价。

（5）大胆提出疑问或提出建议与意见。

二、修改完善方案

1. 交流方案的小组收集意见，结合实际情况，由记录员记录其他小组成员提出的建议和意见。

2. 小组全体成员进行讨论，修改和完善设计方案。

附：《小组评价表》

小组评价表

对方小组		评价小组	
主题名称			
评价要求	请根据汇报小组情况圈出相应的吉祥物		
主题恰当	🐼 🐼 🐼		
步骤合理	🐼 🐼 🐼		
分工明确	🐼 🐼 🐼		
计划完整	🐼 🐼 🐼		

注：一般（1个惠宝），良好（2个惠宝），优秀（3个惠宝）

活动三：方案实施

活动要求：

1. 能依据设计方案，协作完成足球嘉年华活动各环节。

2. 进行为期 4 周的嘉年华。

活动步骤：

实践操作足球嘉年华

1. 各组按照修改完善后的设计方案，按照分工开展足球嘉年华。

（1）准备好嘉年华的相关材料。

（2）按照实施步骤进行嘉年华活动。

（3）组长起到协调、分工、组织实施的作用。

2. 展示各组嘉年华成果。

"我是小学生啦"幼小衔接综合实践活动设计

浦东新区惠南小学　汤佳雯

相关领域：幼小衔接、劳动、艺术

适用年级：一年级

活动概述：

这个活动的重点是帮助一年级新生顺利适应小学生活，培养他们的自立能力。这一活动主要包括四个环节。第一环节是由班主任为班级中的每一位学生一对一发放"入学通知书"，这个过程体现了班主任对每位学生的关心和关注，标志着孩子们正式进入小学阶段。学生会在班主任的带领下走过彩虹桥，象征着开始全新的学习之旅，在班级石榴树上贴上自己的照片可以留下美好的纪念和成长回忆。第二个环节是班主任带领学生参观校园，介绍学校的历史、特色景点等，让学生更好地了解和熟悉他们的新学校，营造归属感。第三个环节是带领学生了解小学课堂的课堂规则以及帮助学生学习自立。进入教室后，学生会学习举手发言等课堂规则，让他们在小学课堂中能够有序参与和学习，培养良好的学习态度。第四个环节是教师为每一位学生发放向日葵种子以及小花盆，引导学生种植属于自己的小向日葵，鼓励学生向阳成长。通过这些活动，学生能够更好地适应小学生活，逐渐建立起独立的学习和生活能力，为他们未来的学习之路打下良好的基础。

活动目标:

"我是小学生啦"幼小衔接教育活动的目标是帮助幼儿顺利过渡到小学阶段,适应新的学习环境和要求。

1. 培养自信心:通过活动,让幼儿感受到他们已经成长为小学生,增强他们对自己能力的自信,有助于他们积极主动参与学习活动,积极面对小学生活中的各种挑战。

2. 建立良好的学习习惯:活动中,幼儿会学习课堂规则、整理书包、按时完成作业、准备学习用品等学习习惯。

3. 增强社交技能:幼小衔接的过程中,幼儿将与其他同学、班主任和老师进行更多的互动,培养与他人沟通、合作和相互尊重的社交技能,为他们适应小学集体生活做好准备。

4. 掌握适应小学生活的知识和技能:活动中,幼儿将初次参观校园,了解校史和校园景点,学习小学教室规则、举手发言等基本技能,以顺利进入小学课堂。

5. 培养自理能力:通过指导和练习,幼儿将学会独立摆放学习用品和整理书包,提高自理能力、解决问题的能力,逐渐成为自立的小学生。

苏格拉底式问题研讨法

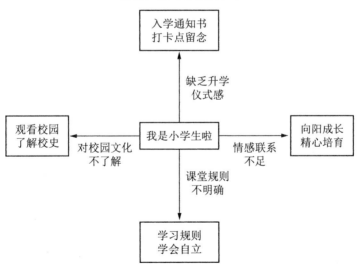

所需教学材料和资源:"入学通知书"、小小彩虹桥、校园地图、课堂道具、学习用品模型

小学综合实践活动的
设计与实施 xiaoxue zonghe shijian huodong
de sheji yu shishi

活动一：发放"入学通知书"，在"打卡点"留念

活动要求：

1. 准备足够的入学通知书，确保每个学生都能收到一份。

2. 确保彩虹桥和班级石榴树的装饰物摆放好，以便学生们能够顺利完成拍照留念。

活动步骤：

1. 活动开始时，班主任在每一位学生进入校园之后，均向其主动握手问好，并由班主任逐一发放入学通知书给每个学生，可以用轻松愉快的语言表达祝贺和鼓励。

2. 学生随着班主任一起走过彩虹桥，象征着他们踏入新的学习旅程，班主任可以鼓励学生们展示自信。

3. 在班级石榴树的位置，为每个学生准备一张照片，提供相应的装饰背景或支架，学生可以粘贴自己的照片并在石榴树前拍照留念。

4. 班主任可以在此时为学生介绍班级石榴树的意义，鼓励他们将来在校园中取得更多成就。

注意事项：

1. 活动要确保安全，特别是过彩虹桥时，班主任需要确保学生行动整齐，防止人群混乱。

2. 班主任在引导学生的过程中，要使用简单明了的语言，让学生易于理解和跟随。

3. 考虑到活动的时间安排，请合理控制每个环节的时间，以确保整个活动的顺利进行。

通过这样的活动，学生能够感受到自己成长的重要性，建立对小学生活的期待和兴奋心情。同时，班主任和同学们的互动能够促进彼此之间的联系，为之后的学习交流打下良好基础。

附件 1：小学入学通知书	附件 2：石榴树

活动二：参观校园，了解校史

活动要求：

1. 准备好详细的小学校园介绍资料，包括校史、特色景点等信息，以便向学生介绍学校。

2. 参观过程中，要确保学生安全，提前与学校相关人员做好沟通和安排。

活动步骤：

1. 活动开始前，班主任向学生简单介绍活动目的和意义，让他们了解将要参观小学校园和了解学校历史的重要性。

2. 带领学生一起参观校园，依次介绍校门、校园主要建筑物，以及学生会经常去的地方，如图书馆、操场等。

3. 指引学生了解校史，可以利用校史展览馆、墙上的照片等呈现学校的发展历程和里程碑事件。

4. 在参观过程中，班主任可以提问学生，引导他们思考和了解更多有关校园的信息，鼓励学生积极参与互动。

5. 针对学校特色景点，班主任可以详细介绍其历史背景、意义，以及与学校文化相关的信息，让学生感受到学校独特的氛围和特点。

6. 在参观过程中，班主任解答学生的问题，帮助他们更好地了解学校、建立对学校的认同感。

7. 参观学习活动后，请同学们用文字或绘画的形式完成活动记录卡。

注意事项：

1. 班主任要提前与学校相关人员沟通，了解活动期间是否需要特殊安排或者获得特别许可。

2. 班主任要确保学生行为规范，遵守学校规定，尤其要注意人流密集区域和重要设施的安全。

3. 讲解语言简练明了，适合学生理解，避免使用过于复杂或冗长的词语。

通过参观小学校园、了解校史，学生能够更好地熟悉学校环境，了解学校的发展历程和特色，有助于增强学生对学校的归属感，激发他们的学习兴趣和热情。同时，与班主任和同学们的互动加强了彼此之间的联系。

附：《活动记录表》

活动记录表

姓名：_____	日期：_____

我学到了：

我的感受：

活动三：学习规则，学会自立

活动要求：

1. 准备清晰明了的小学课堂规则、整理书包要求和学习用品的介绍材料，包括文字说明、图片或示例等。

2. 创造一个良好的学习氛围，例如设置一个类似小学课堂的区域，准备好学习用品和示范物品供学生参考。

活动步骤：

1. 活动开始前，班主任向学生介绍小学课堂的重要性，提及课堂规则的作用，鼓励学生在新学期中养成良好的学习习惯。

2. 班主任逐一讲解小学课堂的常见规则，如认真听老师讲话、不随意交头接耳、上课集中注意力等。可以通过图片、故事或实例来说明规则的重要性和影响。

3. 班主任引导学生共同制定几条班级的课堂规则，鼓励他们积极参与讨论，并确保规则简明扼要、易于理解。

4. 接下来，班主任向学生展示如何正确地整理书包和学习用品，例如如何摆放书本、文具盒和其他学习工具。可以演示和解释整理的步骤和方法。

5. 班主任让学生动手整理书包和学习用品，给予他们一定的指导和帮助，确保每个学生都能掌握整理的技巧。

6. 在活动的最后，班主任鼓励学生复习和实践刚刚学到的课堂规则，鼓励他们为整理书包和收纳学习用品制定个人化的习惯和方法。

注意事项：

1. 班主任在讲解规则和如何整理书包和学习用品的过程中，要用简单明了的语言，确保学生易于理解和跟随。

2. 班主任应该提供实际的示例物品，让学生触摸、操作和模仿。

3. 活动过程中，要充分鼓励学生参与，给予积极的反馈和奖励，增强他们对规则和整理的认同感。

通过这样的活动，学生能够了解小学课堂的规则意义，掌握正确整理书包和收纳学习用品的技巧，养成良好的学习习惯，提高学生的自律能力和学习效果，为他们在小学阶段的学习打下良好的基础。

活动四：向阳成长，精心培育

活动要求：

1. 准备足够数量的向日葵种子和小花盆，确保每个学生都能收到一份。

2. 确保活动场地和材料的准备工作，包括土壤、小铲子、浇水工具等。

活动步骤：

1. 活动开始前，班主任向学生介绍活动的目的和意义，让他们了解将要种植自己的向日葵的重要性和美好的体验，鼓励学生培育属于自己的植物。

2. 分发小小的向日葵种子和小花盆给每个学生，并向他们展示如何正确种植和照料植物。

3. 班主任指导学生使用小铲子挖一小块土壤，然后把种子放入土壤中，并轻轻覆盖上一点土壤。

4. 学生将自己的种子种在小花盆中后，班主任可以提醒他们记下自己的名字和种植日期，方便之后的照料和观察。

5. 班主任讲解向日葵所需的生长条件和养护方法，例如阳光充足、适量浇水等，帮助学生们制定相应的养护计划。

6. 在活动结束后，班主任可以提醒学生按照合适的时间表浇水，维持盆土湿润的状态。同时，鼓励他们观察和记录向日葵的生长情况。

注意事项：

1. 班主任要确保学生种植时使用小铲子小心谨慎，避免伤到自己和他人。

2. 班主任要提醒学生保持良好的卫生习惯，包括洗手和清洁工具。

通过这样的活动，学生能够亲自种植向日葵，了解种植的基本知识，培

小学综合实践活动的
设计与实施 xiaoxue zonghe shijian huodong
de sheji yu shishi

养责任感和耐心。通过观察和照料自己的向日葵，他们还能学会关注植物的成长过程，培养对大自然的敬畏和保护意识，加强班级凝聚力，感受到集体合作和互助的重要性。

"跟着课文去旅行"综合实践活动设计

浦东新区惠南小学　夏　琴

相关领域：语文、道德与法治、艺术

适用年级：三、四、五年级

活动概述：

本活动围绕"跟着课文去旅行"这个主题，让学生结合生活实际，在学习理解中小学语文课本中关于革命历史课文的基础上，开展以"跟着课本去旅行——红色研学之旅"为主题的活动。这样的红色研学实践活动可以不断增强学生的爱党爱国爱社会主义的情感，弘扬和践行社会主义核心价值观。

在旅途中，我们将把课本融合于实践，听取当年的故事，从革命贡献到生活琐事，从大家到小家，更全面地认识革命先辈的为人和爱国情怀，真正实现"读万卷书、行万里路"的相互结合。通过这个完整的主题探究活动，促进学生培育和践行社会主义核心价值观，激发学生对党、对国家、对人民的热爱之情，促进书本知识和生活经验深度融合，引导学生主动了解和适应社会，进一步推进素质教育。

活动目标：

1. 收集整理有关"红色之旅"的课文资料，培养学生收集、整理、分析信息的能力。

2. 小组间积极展开讨论，提出质疑，初步养成能提出问题的良好习惯。

3. 依据各组设计的《红色之旅实践表》，小组分工在课堂上有条理地与大家交流，提升表达能力，增强自信心。

4. 用自己的方式向他人讲述具体历史事件的发生过程，发表感悟。

5. 通过整个实践活动，让学生接受一次深刻而有意义的爱国主义教育。

活动一：

活动要求：

1. 小组分工明确，仔细阅读老师收集的有关"红色之旅"的课文，每组选择一篇课文研究。

2. 小组成员合作收集整理资料，并设计一份《红色之旅实践表》。此过程可培养学生收集、整理、分析信息的能力，增强学生的合作意识及能力，提高自主探究、合作解决问题的能力，为后期的研学任务做好准备。

3. 小组代表之间进行交流和反馈，收集意见，完善方案。要求能在认真倾听其他小组的方案介绍后，仔细思考，积极讨论，大胆提出质疑。

4. 利用所准备的材料，依据各组设计的《红色之旅实践表》，小组分工在课堂上有条理地与大家交流。

5. 参观课文中提到的有关历史博物馆、纪念馆。仔细观察并记录，用文字与图片相结合的方式记录相关历史事件的具体细节。

6. 自己的方式向他人讲述具体历史事件的发生过程，帮助大家解决疑问，并发表感悟。通过整个实践活动，让学生接受一次深刻而有意义的爱国主义教育。

所需教学材料和资源： 多媒体、网络资源、学校图书馆、博物馆等

活动步骤：

一、整体感知

1. 初步了解相关课文的内容，在教师引导下，学生整体感知本活动主题。

2. 学生发表见解与想法。

二、制定计划

1. 全班分组，确定组长，取组名。

信息小组：查询历史资料，了解历史背景，为活动提供历史资料和背景。查询有关博物馆的地址和历史信息，为活动做好准备工作。

记录小组：在参观故居等活动中做好记录，记录下活动中所看到的关于革命先辈的感人事迹或小故事，记录下来并发表感悟。

文化分享小组：找寻赞扬伟人的诗歌语录，并以小组为单位朗诵。

组长：为了让活动开展得有序，制定周密的活动方案。

2. 各小组确立课文及主题。

3. 筛选、分类整理所搜集的资料（文字、图片、视频）并归类。

4. 确定实施步骤。

活动二：

活动要求：

1. 小组长介绍小组方案，并进行交流汇报。

2. 学生能在认真倾听其他小组的实践方案后，仔细思考，积极讨论，大胆提出问题。

3. 收集其他组提出的问题，小组内讨论查找资料，修改并完善实践方案。

活动步骤：

一、交流方案

分小组介绍各自的实践方案。（教师在学生交流方案的过程中，适时引导学生互相交流，互相辨析。）

（1）每组组长陈述小组设计方案，重点介绍课文内容所讲述的故事内容及其想要表达的精神内核。要用简练的语言说清楚。

（2）同组组员适时补充。

（3）其他组认真聆听，仔细思考，可与组员轻声讨论，并对发言小组进行评价（填写评价表）。

（4）介绍完方案后，其他小组成员进行评价。

（5）大胆提出疑问或提出建议与意见。

附：《小组评价表》

小组评价表

对方小组		评价小组	
日　期		记录人	
主题名称			
评价要求	请根据汇报小组情况打"√"		我们的建议
内容完整			
情感体会			
分工明确			
计划完整			
交流感悟：			

二、修改完善方案

1. 交流方案的小组收集意见、疑问，结合实际情况，由记录员记录。

2. 小组全体成员进行讨论，修改和完善设计方案。小组成员可以上网或借助学校的图书室查阅资料，为后续优化准备充足依据。

活动三：

活动要求：

1. 小组协作，完成《红色之旅实践表》。

2. 在一周内参观展馆，仔细观察，做好详细记录。

活动步骤：

一、实践操作

1. 各组按照修改完善后的实践方案，按照分工参观展馆、收集资料。

（1）搜集多方面资料，做好充分的实践准备。

（2）教师带领学生实地考察。实地参观可以让学生身临其境，全面地了解红色历史。

（3）写下心得感悟。

2. 教师指导学生及时做好记录。

指导意图：指导学生拍照做好记录，选取有意义的照片并记录，可以说出照片的背景和小故事，便于回顾与整理资料。组长要在实践中起到协调、灵活机动地安排分工、推进方案实施的作用。

3. 展示各组展馆参观的成果。

附：《参观记录表》

参观记录表

日期：	记录人：	笔记主题：

1. 根据展厅的前言，展台上的导览语，我发现这个博物馆主要由以下几个部分组成：

2. 在这个博物馆，我发现给我印象最深的是：

图片：

照片背后的小故事：

理由：

3. 心得体会：

二、探索观察记录的方法

完善《红色之旅实践表》。

利用一周时间记录历史事件的发展过程及其影响。小组进行自评与互评本阶段表现。

小学综合实践活动的
设计与实施
xiaoxue zonghe shijian huodong
de sheji yu shishi

附:《红色之旅实践表》

红色之旅实践表

日期:		
组名:	组员:	记录人:
事件过程		
分析原因		
后续影响		
类似的历史事件		

活动四:

活动要求:

1. 反馈《红色之旅实践表》,各小组进行汇报。

2. 与大家反馈交流,共同进步。

活动步骤:

一、反馈类似的历史事件过程及影响,发表心得,展示探究成果

1. 畅所欲言,与大家交流记录历史事件中遇到的问题及困惑,以小组为单位反馈。

(1)投影展示、交流分析《红色之旅实践表》。

(2)其他组在听完后可以大胆提出疑问、建议和意见。

二、小组自评与互评本阶段表现

回顾小组参观展馆并记录的过程,结合成员在探究过程中的表现进行小组自评与互评。

附:《"红色之旅"研学评价表》

"红色之旅"研学评价表

被评价小组：		评价小组：	
评价内容	评价标准	自评	他评
活动参与	组员积极参与，人人有任务，态度认真，有效合作	☆☆☆☆☆	☆☆☆☆☆
讨论成果	事件记录清晰有条理，总结的影响有想法、有创新	☆☆☆☆☆	☆☆☆☆☆

活动五：

活动要求：

1. 要求学生举一反三，记录类似历史事件的过程及影响。

2. 在教师引导下解决记录期间的疑问，形成团队协作意识。

活动步骤：

一、小组为单位，记录类似历史事件

1. 小组查阅资料，查找、收集类似历史事件。

2. 组内讨论。

3. 记录事件的过程及影响。

二、各组交流实践记录期间的疑问

1. 各组简述实践过程中遇到的问题或困难。

2. 全班互助解决。

活动六：

活动要求：

1. 整理、收集和汇总过程中的各类资料。

2. 回顾探究实践活动的过程和成果，发表感悟。

3. 总结整个"红色之旅"主题实践活动。

活动步骤：

一、整理活动资料，完成实践活动

小组内部进行各类资料的整合、归档。

（1）整理素材、计划表、观察记录表、评价表、作品等。

（2）按照日期与类别，将纸质材料进行分门别类地整理；将电子素材在电子设备上进行文件夹归档。

（3）记录小组展示拍摄所得的照片，分享照片背后的故事，发表自己的感悟。文化分享小组展示制作的小报，分享设计理念。朗诵小组朗诵诗歌，感受红色精神。

二、各小组汇报"红色之旅"实践活动的成果

1. 小组通过展示 PPT、手抄报、电子小报、征文等形式，说明历史事件发生的过程以及其产生的一系列影响等等。

2. 各小组交流实践过程中的疑惑，总结实践的方法，发表心得感悟。

三、评价总结

1. 评选优秀实践小组。

2. 教师总结整个活动。

"我爱小学"

——幼小衔接综合实践活动设计

浦东新区惠南小学　金王子

相关领域：语文、道德与法治、美术

适用年级：一年级

活动概述：

一年级是幼小衔接的关键期。幼小衔接不仅是知识层面的衔接，更是心理品质、行为习惯、学习能力等全方面的衔接。本活动跳出常规教学的框架，针对学生的身心发展特点，开展"书是我们的好朋友""神奇的小书包""做个受欢迎的小可爱""校园，我先行"4个主题活动，从培养学生的语言表达能力、动手实践能力、对学校的认识以及行为习惯等方面出发，为学生从幼儿园平稳过渡到小学创设良好的氛围和条件，促进刚步入小学的孩子们顺利地融入校园生活。

活动目标：

1. 知道书的作用很大，愿意在图书中学本领。学习看图示剪纸，提高对书本的兴趣。

2. 了解书包的结构和各部分的用途，爱护小书包，明确小书包的使用与管理是自己的事情，增强自我服务意识。

3. 认识自身的优点，体会受欢迎的愉悦。根据行动表初步掌握与人交往的技巧。

小学综合实践活动的
设计与实施 xiaoxue zonghe shijian huodong
de sheji yu shishi

4. 熟悉校园，了解学校各设施（卫生间、办公室、医务室等）的所在位置，能清楚表述地理位置和大概方向。初步了解校园规范，学会使用文明用语。

所需教学材料和资源：多媒体课件、各类文具、贴纸、评价表等

活动一：书是我们的好朋友

活动要求：

1. 知道书的作用很大，愿意在图书中学本领。

2. 学习看图示剪纸，提高对书本的兴趣。

活动步骤：

一、欣赏书展，感知书是各种各样的

1. 将学生带来的各种各样的书展示出来，共同欣赏。

2. 提问：这些书一样吗？什么地方不一样？

二、了解书的作用

1. 出示图画书，提问：这是什么？

2. 它有什么用处？

三、简单介绍书的来历

作者编写——出版社编辑出版——印刷厂印刷——书店货架。

四、学习看书剪纸

1. 出示一本剪纸书，引导学生讨论：这是一本什么书？我们可以从这本书中学习什么？

2. 学生自选书中的某一种剪纸图案，学习看图示剪纸。

3. 讨论：你剪成功了吗？出现了什么困难？（引导学生就出现的问题进行集体讨论，明确基本线条、箭头的含义）

4. 相互欣赏作品，共享剪纸成功的喜悦。

活动延伸：在美工区提供彩色蜡光纸和剪纸书，学生可以继续看图书剪纸。

活动二：神奇的小书包

活动要求：

1. 萌发做小学生的愿望。

2. 了解书包的结构和各部分的用途，爱护小书包，明确小书包的使用

与管理是自己的事情，增强自我服务意识。

活动步骤：

1. 谈话导入

师："孩子们快要幼儿园毕业了，升入小学后，有一件物品是你每天都必须带上的。猜猜看，是什么呢？"

2. 认识书包：各部分、颜色、图案

师：书包是我们的好朋友，爸爸妈妈已经为我们准备了一个书包，请你拿出来向你的好朋友介绍一下。

3. 整理书包

师：小书包到底应该怎么用呢？

书、田字格本、拼音本、画画本、铅笔、橡皮、铅笔盒、小手绢、水壶等，你认为所有这些东西怎样放在书包里最合适？

学生根据《活动探究表》中的内容进行思考与交流：

附：《活动探究表》

活动探究表

步　　骤	交　　流
观察书本、文具的种类	
发现他人的整理误区	
思考如何准确分类整理	
提出最合理的整理方式	

交流后现场实操，生整理书包，看谁整理得又快又准确。

4. 爱护小书包

师：小书包是我们的好朋友，天天和我们在一起，我们应该怎样爱护它呢？（轻拿轻放；不摔不乱涂乱画；无论家里还是幼儿园都要把书包放好；经常洗一洗……）

师：老师希望你们上小学后继续保持整理小书包、爱护小书包的好习惯。

5. 背上小书包

播放《课间十分钟》音乐，孩子们在唱唱、跳跳中结束活动。

师：听，下课的铃声响了，孩子们，让我们背起小书包放学吧。

活动延伸：请学生示范背书包，强调双肩背，纠正不正确的方法。

小学综合实践活动的
设计与实施 xiaoxue zonghe shijian huodong
de sheji yu shishi

活动三：做个受欢迎的小可爱

活动要求：

1. 学生在评选会中了解受欢迎的人身上所具备的优秀品质。

2. 学生认识自身的优点，体会受欢迎的愉悦。

3. 根据行动表初步掌握与人交往的技巧，为以后建立良好的人际关系，进行健康的人际交往打下基础。

活动步骤：

1. 交友明星评选会。

每个小朋友手上都有一张笑脸贴纸，把它贴到你最喜欢的小朋友胸前。

2. 小组讨论，了解受欢迎的原因。

3. 分享照片，知晓受欢迎的行为。

4. 小组同学互相夸一夸，体会受欢迎的愉悦。

5. 出示阳光交往行动表，在接下来的一周，只要按照表格的行动指南与人交往，就给自己打钩。相信通过自己的实际行动，你们一定能赢得更多好朋友的青睐。

附：《阳光交往行动表》

阳光交往行动表

	周一	周二	周三	周四	周五	周六	周日
面带微笑							
主动向他人问好							
和同学和睦相处							
帮助有困难的人							
积极参加集体活动							
能够克制情绪							

活动四：校园，我先行

活动要求：

1. 熟悉校园，了解学校各设施（卫生间、办公室、医务室等）的所在位置。

2. 学会表述地理位置和大概方向。

3. 初步了解校园规范，学会使用文明用语。

活动步骤：

一、熟悉校园

1. 以早操队伍形式在班主任的带领下熟悉校园环境。

2. 参观过程中，教师按照路线逐一进行介绍。

二、地理位置的简单表述练习

1. 引导学生区分左右、东南西北。

2. 以教室为例，让学生观察教室所在方向、楼层、附近标志性建筑物等，尝试表述其位置，错误处教师进行指正。其余同学认真聆听，仔细思考是否有其他表述方式，大胆发言。

3. 四人为一组，选择其余地理位置进行练习，互相提问，能说清大致位置即可。

三、校园规范、文明用语教育

1. 出示课件：校园规范（文明行为、校园纪律、安全规范）

（1）提前下发自评小卡片，学生根据教师的讲解，判断自己是否做到了各项要求，在评价表中打星。

（2）播放校园行为小短片，学生观看后进行对错判断及分析。

2. 出示课件：常见文明用语

（1）讨论不同的文明用语适用于什么情景。

（2）文明用语情景练习。练习形式：师生对话；小组情景表演。

附：《学生自我评价表》

学生自我评价表

校园规范	自我评价
1. 穿好校服，着装干净整洁。	☆☆☆
2. 不乱扔垃圾，保持教室整洁。	☆☆☆
3. 不折损花草树木，不践踏草坪，爱护公共设施。	☆☆☆
4. 不在楼道高声大喊，追逐打闹。	☆☆☆
5. 上下楼梯，靠右行走。	☆☆☆
6. 校园行走，脚步轻轻。	☆☆☆
7. 不触碰公共区域电源及开关。	☆☆☆
8. 举止文明礼貌，不打架骂人，不说脏话。	☆☆☆

"毕业季"综合实践活动设计

浦东新区惠南小学　顾佳怡

相关领域：语文、信息技术、音乐、美术

适用年级：五年级

活动概述：

本主题活动围绕着"毕业"这一关键词，通过组织筹备隆重而有意义的毕业典礼，引导学生们回忆小学五年来与伙伴们、老师们以及母校相处的美好生活，知道自己的成长离不开老师、家长和同伴的帮助与鼓励，激发他们珍惜这份情感，学会感恩，寻找成长中的闪光点，找到不足之处，并激励自己以此为起点，追逐新的梦想。

在整个"毕业典礼"活动的实施过程中，主要通过：征集小学生活中难忘的影像资料、文字资料；组织排练诗朗诵、才艺等节目；联系落实领导发言、学生代表发言、教师代表发言；组织每位学生写好"愿景卡"，这几个模块来完成。

毕业典礼是小学毕业班全体学生在离开母校前共同参加的最后一个集体活动，是母校留给所有即将毕业的孩子们最后的记忆。毕业季的系列活动通过典礼呈现效果，以感人至深的活动设计，营造学生与学生之间、学生与老师之间相聚分离的情感氛围，升华毕业生对母校、对老师、对伙伴的感情，让学生们体悟感恩、学会珍惜并立志为更好地实现梦想而拼搏。

活动目标:

1. 通过隆重而有意义的毕业典礼,进一步增强毕业生对伙伴们、老师们及母校的情感,同时激励学生进入新学校要再接再厉。

2. 在典礼前各项活动的筹备过程中,对过去五年的小学生涯进行一次回顾和纪念,让学生对自己的成长历程有更深刻的认识,同时也为未来提供更坚实的底气。

3. 以毕业典礼的形式,对学生进行一系列"感恩教育",明白感恩是一种品德,更是一种责任,懂得感恩,才会懂得付出和回报,每个人都应怀感恩之心。

4. 学生在各种形式的表演和活动中展示自己,增强自信心,培养合作意识。

所需教学材料和资源: 多媒体资料、节目彩排、现场布置材料等

活动一:多彩回忆

活动要求:

1. 学生通过各种途径搜集自己班级小学五年以来的各种影像资料、文字资料,为毕业典礼的成长视频做好准备。

2. 班级成员分工合作,共同设计制作一份班级成长视频,明确各自的分工。

活动步骤:

一、整体感知

1. 初步了解毕业典礼的整个流程

在班主任老师的引导下,学生整体感知本活动主题。

2. 集思广益,发表对成长视频制作的看法。

二、制定计划

1. 明确要征集的材料。

2. 各成员提交收集到的成长资料。

3. 筛选、分类整理所搜集的资料(文字、图片、视频)。

4. 确定最终使用的资料,班主任及学生共同合作制作成班级成长视频。

5. 修改并确认最终的视频版本,提交学校毕业典礼组织委员会使用。

三、最终呈现

1. 毕业典礼组织委员会截取合适的片段剪辑成年级成长视频,在典礼

小学综合实践活动的
设计与实施 xiaoxue zonghe shijian huodong
de sheji yu shishi

当天播放。

2. 各班的班级成长视频由班主任老师分享到班级群内，供家长及学生观看留存。

附:《成员分工表》

成员分工表

主题:

姓　　名	任　　务

活动二: 感恩母校

活动要求:

1. 各班准备一个能体现"感恩母校"主题的才艺表演。

2. 利用课余时间进行表演节目的排练，呈现出最好的表演效果。

3. 征集其他"感恩母校"的金点子，提交毕业典礼组织委员会。

活动步骤:

一、征集节目

1. 各班级提交表演形式及节目名称（指导教师在征集表演节目的过程中，适时引导学生互相交流，共同筛选）。

（1）班级学生通过自荐或者推荐的方式征集节目。

（2）其他学生认真聆听，仔细思考。

（3）班级学生大胆提出建议与意见。

（4）确定最终上报的节目，填写好《节目申报表》，并推选合适的表演人员。

2. 毕业典礼组织委员会审核并确定最终的节目单。

二、排练节目

1. 各班级结合实际情况，利用课余时间排练所要表演的节目。

2. 班主任确定演出服装及化妆等相关事项。

三、征集金点子

1. 在校园内设置"金点子"百宝箱。

2. 学生自主填写"金点子"并投入百宝箱内。

3. 毕业典礼组织委员会选取最佳金点子，在典礼当天使用。

附：《节目申报表》

毕业典礼节目申报表

表演班级		班主任	
节目类型	舞蹈□　歌曲□　乐器□　诗朗诵□　其他_____□		
节目名称			
表演人数			
节目创意	原创□　改编□		
舞台要求			
音箱要求			
其他事项			

活动三：见证成长

活动要求：

1. 落实学校领导发言、队员代表发言、教师代表发言，选择合适的队员代表及教师代表人选。

2. 根据学校会场座席数，各班邀请5—6位家长代表进行现场观礼，并提前发出邀请函，组织其余家长进行线上观礼。

活动步骤：

一、落实发言人选

1. 落实学校领导发言流程及内容。

2. 落实相应的发言学生代表及教师代表。

（1）提前与相关学生及教师进行沟通。

（2）发言代表完成发言稿初稿并提交组织委员会审稿。

（3）修改、完善以及确定最终发言稿内容。

二、邀请家长

1. 确定各班邀请人员，提前发出书面邀请函。

2. 确定线上观礼途径，班主任提前将观礼方式发至班级家长群。

活动四：接力传承

活动要求：

1. 校领导为毕业班级的学生代表授毕业证书，并发表毕业赠言。

小学综合实践活动的
设计与实施 xiaoxue zonghe shijian huodong
de sheji yu shishi

2. 毕业生向学弟学妹传递队旗，激励学弟学妹们好好学习。

3. 毕业生代表上台演唱《再见》，传递对母校的不舍，对未来的期盼。

活动步骤：

一、确定领取毕业证流程

1. 各班级确定好上台领取毕业证的人员。

2. 相关人员提前进行彩排，明确好上台顺序及站位。

二、组织传递队旗

1. 各毕业班级确定好上台传递队旗的学生代表人选。

2. 各四年级班级确定好上台接收队旗的学生代表人选。

3. 相关人员提前进行彩排，明确自己上台的时间和站位。

三、排练毕业歌曲《再见》

1. 毕业典礼委员会确定好演唱歌曲的学生名单。

2. 演出学生利用课余时间进行歌曲的排练。

3. 确定好典礼当天所穿表演服装及化妆等相关事项。

四、典礼现场

相关人员按照要求上台进行传递队旗、表演歌曲等。

附：《活动流程记录表》

活动流程记录表

日　　期	活动进展
＿＿月＿＿日	
＿＿月＿＿日	
＿＿月＿＿日	
＿＿月＿＿日	
＿＿月＿＿日	
＿＿月＿＿日	
＿＿月＿＿日	

活动五：放飞理想

活动要求：

1. 采用"愿景卡"的形式，写下对母校的祝福、对未来的梦想。

2. 以班级为单位，将"愿景卡"放入"愿景瓶"并放至校史馆指定位置留存纪念。

活动步骤：

一、绘制"愿景卡"

1. 组织各班学生在相应的卡片上写下对母校的祝福或自己的梦想。

2. 学生自主在卡片上画上喜欢的插图，并写好班级姓名和时间。

二、收集"愿景卡"

1. 学生自主将"愿景卡"折叠成喜欢的形状。（星星、千纸鹤等皆可）

2. 在班干部的组织下，将"愿景卡"放入班级"愿景瓶"中。

3. 各班中队长将班级"愿景瓶"放至校史馆指定位置。

4. 毕业班的中队长们代表本届学生与"愿景瓶"合影留念。

附：《愿景卡》

心愿卡	祝福卡

第四部分

活动案例

04

"葱葱"茏茏

——小学综合实践活动案例

浦东新区惠南小学　钱晓婷

一、案例概述

　　小葱是生活中必不可少的调味品，如果能自己动手种植小葱，体验自给自足的小葱生活，何乐而不为呢？为了丰富学生的体验，拓展学生的实践活动，学生围绕"慧谷农场"综合实践活动这一主题，开展主题式学习。本次主题式学习的目标是在真实情境的问题解决中培养学以致用的能力，提高科学探究能力。学生将通过教师讲解和网络获取信息，学习影响植物生长的因素和植物种植方法；在对驱动性问题进行深入持续的探索下，调动所有知识、能力，创造性地解决新问题、形成对核心知识和学习过程的深刻理解，并在新情境中迁移这些知识和技能。在整个综合实践活动过程中，学生通过操作、观察、记录和分析，初步了解科学研究的方式，提高动手实践和解决问题的能力。最终能通过本次综合实践活动，激发科学探究的兴趣，提高科学素养。

二、活动背景

　　综合实践活动是在教师的引导下，学生自主进行的综合性学习活动，是基于学生的经验，密切联系学生自身生活和社会实际，体现对知识的综合应用的实践性课程。浦东新区惠南小学充分结合本校的传统与优势，考量学生的兴趣和需要，通过"主题式"课程的开发与实施，致力于逐步提高学生的关键能力与核心素养。"主题式"课程指向学生的动手操作、实践体验、直接经验和合作学习，以丰富学生的学习经历与操作体验，提高学生的实践意识和实践能力，培养学生的意志品格和社会责任感。

学校依据不同年级段学生的特点，设计分层的、多元的主题式课程活动，以更好地满足不同学生的发展需求，也可以使主题式活动更有针对性和实效性。"葱葱"茏茏是"慧谷农场"课程中的一个活动，是围绕小葱种植这一主题开展的，学生通过亲自动手实践种植小葱来探究小葱种植与什么因素有关。这个过程中，学生分组进行观察、记录、比较、验证，最后通过交流、汇报，展示小组探究成果。这一课程的开发促进学生从生活中发现真实问题，养成主动运用科学的方法进行探究、创造性地分析解决问题，从而改变教学方式，提升学生的综合素养。

三、活动过程

根据学校综合实践活动的开发与实施目标以及本次综合实践活动的目标，我们拟定了以下四项活动模块：1.明确主题，查阅资料；2.明确分工，制定计划；3.实践操作，观察记录；4.报告分享，互相评价。

（一）明确主题，查阅资料

在活动伊始，教师提出"如何种植小葱？"这个问题，让学生明确本次活动的主题。学生对本次活动热情高涨，回家后立即对小葱种植知识进行全方位的了解。大部分学生通过网络和书籍，获取有关小葱种植的详细信息，如种植时间、土壤要求、播种方式等。也有部分学生咨询有多年种植经验的长辈，获取小葱种植的实用建议。甚至有个别同学，亲自尝试在家种植小葱，通过实践来了解小葱种植的过程和注意事项（如图1所示）。

通过查阅资料，学生可以学会如何使用图书馆、互联网等资源，掌握信息检索的技巧和方法，提高获取信息的能力。在查阅资料的过程中，学生还需要对各种信息进行归纳和总结，提炼出有用的知识点和结论，提高归纳总结能力。学生也可以通过查阅资料，自主探究问题，形成自主学习的习惯和能力。学生在这个过程中可以培养多种能力，形成多种意识，这些能力与意识对于学生的未来发展非常重要。

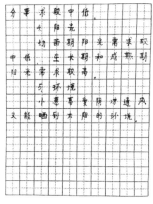 

图 1　全方位了解小葱种植知识

（二）明确分工，制定计划

随后，在教师的引导下，学生自行开展活动。具体步骤如下：1. 全班自由分成 5 组，确定组长，取组名；2. 各小组讨论影响小葱生长的因素，确定探究主题，5 个小组分别猜测小葱生长可能与浇水、日照、施肥、种植密度、栽培有关；3. 制定种植计划，明确各组人员分工；4. 讨论下次种植活动种需要准备的材料。

在明确分工、制定计划的过程既可以锻炼学生的团队协作能力，又可以提高他们的表达以及沟通能力。

（三）实践操作，观察记录

本任务是学生最为期待的环节，也是周期最长的一个环节。11 月 2 日，各小组先观看种植视频，再根据各组确定的探究主题进行种植（见图 2）。

图 2　小葱种植

之后便开展了为期 4 周的观察。各小组按计划对小葱进行浇水、晒太阳、观察记录等日常管理（见图 3），组长负责填写小葱生长日记（见图 4）。

图 3　小葱的日常观察与管理

图 4　小葱生长日记

（四）报告分享，互相评价

经过近一个月的观察活动，各组派代表进行实验报告的展示。在分享的时候要求组长做到清楚介绍实验报告，组员可以补充（见图 5）。其他同学认真聆听、仔细思考。学生从"科学记录、清晰表达、积极合作"这几个维度来评价。（见图 6）

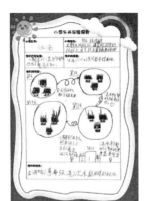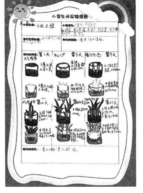

图 5-1　小葱生长实验报告（小水土组和小水滴组）

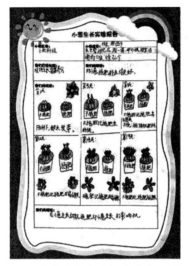

图 5-2　小葱生长实验报告（小肥料组）

评一评

聆听了其他小组的发言，你们有什么感想？快来评一评吧！请根据各组的表现圈出对应数量的"小葱"。🌱表示表现一般，🌱🌱表示表现良好，🌱🌱🌱表示表现优异。

评价维度	小水滴组	小太阳组	小肥料组	小密疏组	小水土组
科学地记录	🌱🌱🌱	🌱🌱🌱	🌱🌱🌱	🌱🌱🌱	🌱🌱🌱
清晰地表达	🌱🌱🌱	🌱🌱🌱	🌱🌱🌱	🌱🌱🌱	🌱🌱🌱
积极地合作	🌱🌱🌱	🌱🌱🌱	🌱🌱🌱	🌱🌱🌱	🌱🌱🌱
总数	共（　）棵	共（　）棵	共（　）棵	共（　）棵	共（　）棵

图 6　小组评价表

通过展示交流"实验报告"，学生提高了合作交流、语言表达、客观评价的能力。在"提高小葱产量"的探究过程中，结合之前学习的知识和经验进行讨论，学生提高了分析问题的能力。

四、活动效果与反思

（一）活动效果

1. 乐学善学勤动脑，动手实操勇探究

通过小葱种植综合实践活动，学生对植物的生长过程有了更深入的了解。学生了解了如何进行小葱种植，实际操作了这些步骤。此外，学生还学到了如何进行观察和记录，以及开动脑筋积极思考如何根据环境变化调整管理方法。本活动为学生提供了实践操作的探究机会，学生在种植、管护植物的过程中，锻炼了动手能力和解决问题的能力。同时，通过团队协作，学生提高了沟通协作能力，具备了主动探究的意识。

2. 主动参与善实践，劳动创美新生活

通过主动照顾植物，学生更加热爱生命，在积极参与活动并动手实践的同时，感受到了种植的快乐，培养了责任感。在活动过程中，学生学习新知、主动参与、积极实践，认识到了保护环境、绿色生活的重要性，体会到劳动创造美好生活的快乐。

通过此次综合实践活动，学生对农业有了更深入的了解，认识到农民的辛勤付出，从而更加珍惜粮食和食物，并很好地提升了学生的综合能力与科学素养。

（二）活动反思

活动设计：整体来看，小葱种植综合实践活动的设计是合理且成功的。但在某些环节，如施肥的量和时间等，可以进一步优化，增加相关指导，使活动更加完善。

学生参与度：活动中，学生的参与度较高，但在观察和记录环节，部分学生有所疏忽。未来应强调观察和记录的重要性，引导学生养成记录的习惯。

活动延续性：为了使学生更好地掌握种植技能，活动应考虑延续性。例如，可以在一个学期内进行多次种植活动，使学生有机会观察到植物生长的全过程。

拓展延伸：为了使活动更加丰富多元，可以考虑与其他学科进行结合，如数学（如测量、计算等）、科学（如植物生长规律、环境影响等）等，以培养学生的综合素质。

小学综合实践活动的
设计与实施 xiaoxue zonghe shijian huodong
de sheji yu shishi

　　综上所述，小葱种植综合实践活动在多个方面取得了良好的效果，但仍存在一些可以改进的地方。通过不断反思和优化，相信此类活动将为学生带来更多的收获和发展机会。

能说会"稻"

——小学综合实践活动案例

浦东新区惠南小学　周非儿

一、案例概述

　　"能说会'稻'"是"慧谷农场"综合实践活动中的一个项目，选取"能说会'稻'"这一主题开展综合实践活动，意在通过开展主题式学习，让学生认识水稻、了解水稻，结合生活实际，确立"水稻的历史""水稻的生长""躬耕稻田的科学家""稻田拾秋""稻谷创意画"这五个主题，开启了一场关于水稻的探究之旅。活动历经主题生成——方案制定——问题交流——成果展示这四个阶段，通过关于水稻的综合实践活动，初步养成从事探究活动的正确态度。通过让学生收集有关"水稻"的资料，培养学生信息搜集能力，掌握多渠道收集和整理资料的方法。学生体验与实践农事活动，初步掌握劳动技能，树立正确的劳动观和安全意识，培养细致观察事物的能力和关注自然的好品质。通过创作稻谷画，来培养学生思维创新和动手操作能力。在展示研究成果的过程中，也能有效地提高学生团结协作、自信表达和客观评价的能力。

二、活动背景

　　本主题安排 4+X 的教学方式，即："4"指"选择主题""方案设计""问题交流""成果评价"4 个课时，"X"指校内外实践活动——即根据活动主

小学综合实践活动的
设计与实施 xiaoxue zonghe shijian huodong
de sheji yu shishi

题设计不同类型的多元的实践与体验活动。这样的安排兼顾资料收集、实践探究、设计制作等学习方式，对于实现学生在认知、能力、情感态度和价值观等领域的全面协调发展，具有相当的积极意义。

首先对学生进行学习前的问卷调查，通过问卷了解学生对水稻的认知程度，以及他们对于水稻的哪些方面感兴趣。活动前组织学生走进"慧谷农场"参观，鼓励学生走出教室，走进田野，激发学生的好奇心和探究欲望。以分组设立活动主题的形式，引领学生一步一步向前推进，带动学生自主开展活动，帮助学生完成关于水稻的选题、设计、组织、交流、反思、展示和总结的全过程，从而获得更深刻和更全面的认识和丰富的实践体验。

图1 学生参观"慧谷农场"

三、活动过程

根据学校综合实践活动的开发与实施以及本次综合实践活动的目标，我们拟定了以下四个活动阶段：1.确定活动主题——生成主题；2.活动准备阶段——制定方案；3.分组实施阶段——交流反馈；4.总结评价阶段——展示成果。这四个阶段的设计，充分结合了各年级学生的身心特点，并密切结合主题"能说会'稻'"而展开，活动设计切合学生的成长需求，具有教育意义。

第一阶段：确定活动主题——生成主题

通过头脑风暴，引导学生有针对性地提出有意义的问题，进而筛选、归纳，把问题转化为有研究价值的主题；主动参与设计小组活动，明确小组活动任务和活动布置。教师创设情境，引出话题：能说会"稻"。学生进行讨论，交流筛选，归纳主题。学生组建小组，选出组长，明确分工。最后，确立"水稻的历史""水稻的生长""躬耕稻田的科学家""稻田拾秋""稻谷创意画"这五个主题。

图2　学生通过头脑风暴确定五个探究主题

第二阶段：活动准备阶段——制定方案

在综合实践活动中获得有关水稻的知识，指导学生根据活动主题的需要，联系小组实际情况，制定与设计活动计划，学会根据不同类型的活动，选择合适的活动方法，进而完善和修订活动方案。学生汇报各个小组准备开展第一次活动的内容。指导老师深入各组，进行一对一指导，因"组"施教，每个活动的领域不同，方案中制定的内容也有所不同（如图3所示）。

小学综合实践活动的
设计与实施
xiaoxue zonghe shijian huodong
de sheji yu shishi

"十里稻香　海沈拾秋"实践活动方案

为丰富学校劳动实践教育，激发学生热爱家乡惠南、热爱自然、热爱劳动的真挚情感，培养学生在劳动实践活动中的劳动素养和交往、合作、自护等能力，定于 11 月 11 日（周六）组织稻香组全体成员前往惠南镇海沈村进行"十里稻香　海沈拾秋"实践活动。

清晨，当你在地铁 16 号线上，经过惠南东站时往东方眺望，碧水田林、黛瓦人家，一轮红日在远方冉冉升起，这如梦似幻的美丽画卷，就是惠南镇海沈村，一个可以搭着地铁来寻梦、创梦、宜居宜业宜游的田园综合体。

海沈村先后获得中国美丽休闲乡村，上海市美丽乡村示范村，上海市乡村振兴示范村等诸多荣誉。海沈村是沈月明《沪乡记事》笔下的沪乡。海沈村是上海为数不多的"地铁村"，16 号线惠南东站直达乡村。海沈村同时也是大家心中的"冠军村"，海沈小囡钟天使先后在 2016 里约奥运会、2020 东京奥运会获得场地自行车奥运冠军。

【活动对象】稻香组成员

【活动时间】2023 年 11 月 11 日

【活动人数】9 人

【集合时间】上午 09:00

【集合地点】海沈会客厅

【活动内容】09:00 海沈会客厅集合

09:00—11:00 农事体验及米糕制作

图 3　"稻香组"制定的活动方案

第三阶段：分组实施阶段——交流反馈

在课堂上，每个小组交流活动实施情况，以及遇到的一些问题或想法。组内成员回忆前期成果，交流活动实施情况。以小组为单位，进行阶段性的资料整理，提出活动中的困惑或遇到的困难，寻求解决办法。学生分组汇报活动过程，交流小组的体验、感悟，提出问题和困惑。教师相机指导，各小组结合同学和老师的意见，交流讨论，进行反思，实施改进。

第四阶段：总结评价阶段——展示成果

通过活动，指导学生将视频、图片和收集到的资料进行分类整理，选择合适的内容和方式进行展示分享。在小组交流时，对自己和同学的活动情况做出客观评价：1.回顾活动，交流活动体会；2.小组讨论，选择汇报的内容和形式；3.展示实践成果，交流并评价。学生以小组为单位，分别汇报，用多种形式展现活动过程，分享收获和成果，及时对感兴趣的话题进行互动评价。

稻穗组的同学们演示了《水稻的前世今生》幻灯片，整理出了中国水稻发展历史时间线。稻梦组的同学们向介绍了古今中外在水稻研究领域的杰出科学家们，别出心裁地演绎了一段袁隆平爷爷躬耕田垄的情景剧。稻谷组的同学们研究了水稻的生长过程后，画了《水稻的一生》手绘小报，直观地向我们科普了水稻的生长过程等种种知识。稻香组的同学们来到奥运冠军钟天使的家乡——海沈村，体验了"割稻子"活动，并剪辑成了短视频进行展示。稻创组的同学们把稻香组的小伙伴们带回来的稻穗和稻谷，进行了充分利用，发挥他们的想象力和创造力，创作出了一幅幅无比精美的画作。（如图4、5、6、7、8所示）在各组展示的过程中，其他小组认真聆听，互相评价，指导老师相机指导和评价。

图 4　稻穗组展示成果

图 5　稻梦组演绎情景剧

小学综合实践活动的
设计与实施 xiaoxue zonghe shijian huodong
de sheji yu shishi

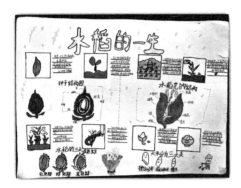

图 6　稻谷组展示成果

图 7　稻香组展示"稻田拾秋"活动视频

图 8　稻创组展示创意稻谷画

成果展示结束后，同学们进行了"深入探究"环节，讨论了如何对稻谷进行脱壳，观看《稻谷脱壳》视频，了解了给稻谷脱壳的多种方法。在"动手实践"环节，同学们学习了制作稻谷瓶的步骤，并分组制作了稻谷瓶。(如图9所示)

图9　制作稻谷瓶

指导老师进行总结：能说会"稻"活动结束了，但科学探究永无止境。我们可以在课后继续延伸学习"水稻育种技术""水稻如何增产"等方面的知识，像科学家一样分析和研究事物，不断拓宽思维过程和方式，让这一次和水稻的邂逅变得更有意义、更有价值。

四、活动效果与反思

（一）亲历活动过程，提升科学素养

本次综合实践活动以学生的发展为本，让学习真正发生，让学习有意义地发生。学生亲历了近两个月实实在在的实践活动，不仅获得了科学知识，而且提升了合作交流、自信表达、动手实践的能力，提升了科学素养，综合素养也逐步提高了。

（二）活动的递进性，培养跨学科意识

活动经历"主题生成——方案制定——交流反馈——成果展示"四个阶

小学综合实践活动的
设计与实施 xiaoxue zonghe shijian huodong
de sheji yu shishi

段，这四个阶段层层关联，又层层递进。在教师与学生的紧密协作下，能有效地推动学生学习、探究和实践，培养学生的多种技能和综合实践能力。

"能说会'稻'"综合实践活动在潜移默化中培养了孩子们的科学探究、收集资料、创新思维的能力，更提高了展示交流、团结协作和客观评价的能力。这个活动是惠南小学积极探索"慧谷农场"综合实践活动的一个开始，我们将在探究之路上继续求索、砥砺奋进，而我们的学生也将在"慧谷农场"这一片沃土中继续收获和成长。

毕业季寻访
——小学综合实践活动案例

浦东新区惠南小学　沈　彤

一、案例概述

从懵懵懂懂步入小学生涯，到满怀期待成为少先队员，转眼间孩子们已经到了人生中第一次重大的时刻——毕业，迈出小学校园的那一刻起，孩子们将与"孩童"这个称谓告别，拥抱"青少年"这个新身份。未知的生活，长大的身体，坚定的信念，清晰的理想，这一切都在不远的未来等待孩子们。

本主题教育活动围绕着"毕业季活动"，让学生们结合五年级第二学期的主题教育内容开展活动。采用项目化学习的方式，主要通过了解项目、制定计划，小组分工、开展活动，整理成果、交流感悟这三个模块来完成。此综合实践活动不仅可以锻炼学生多元化的能力，也明确自己的理想和坚定逐梦奋进的信念。从项目内容的角度出发，通过这一个完整的主题教育活动，旨在让学生深切感恩母校生活中的恩师、同窗的情谊，满怀憧憬美好的高一等学府生活，在活动中学会策划和配合的技巧，激发对自我的认可和对可期未来的兴趣。从而树立热爱母校、感恩社会的意识，形成为美好未来好好学习好好锻炼的观念。从培养能力的角度出发，旨在提高学生处理信息的能力、小组合作的能力、组织协调能力和动手实践操作的能力，从而使学生形成合作意识、协同能力，逐步形成必备品格。

二、活动背景

惠南小学秉持"惠泽天下"的办学理念，坚持给予每个孩子成长"惠"能量。"有惠心、能惠巧、得惠美、显惠中"的少年儿童，一直是惠南小学学生成长的目标，也是每一位老师关注和尽心培育的目标。如何有效落实区域教育改革的新要求，如何在小学阶段培育学生的创新素养，如何面向全体学生激发他们的创新潜能，是学校持续研究并努力探索解决的问题。

《义务教育课程方案和课程标准（2022年版）》指出："随着义务教育全面普及，教育需求从'有学上'转向'上好学'，必须进一步明确'培养什么人、怎样培养人、为谁培养人'，优化学校育人蓝图。"长期以来，儿童的发展明显受到学习目的的功利化、课程内容的标准化、评价方式的单一化的严重影响。当下，儿童的学习不是为了分数，甚至不是为了知识，而是为了学会学习。儿童迫切需要与身心发展适切的学习生态，教育必须走向学生的现实生活，合理变革类别化、层次化、序列化的育人方式，解决儿童成长过程中的困惑与问题，将学习生态从理论知识逻辑转变到真实生活逻辑。

三、活动过程

根据学校综合实践活动的开发与实施目标以及本次综合实践活动的目标，我们拟定了以下四项活动模块：1.感知主题，了解"毕业季寻访活动"目的；2.制定计划，完善方案；3.参观寻访；4.感悟收获，完成记录表。这四个模块的设计，充分结合了中高年级学生的身心特点，并紧密切合主题"毕业季寻访"而展开，强调合作性、过程性、进阶性与体验性，整个综合实践活动充分结合了每个模块之间的丰富层次，并循序递进展开。

（一）感知主题

首先要让学生们了解本次活动的目的，了解本次活动的意义。

在教师的引导下，学生整体感知本活动目的。让学生初步了解毕业季寻访此主题，交流对于毕业季的见解；然后，让学生以小组合作的形式发动头脑风暴，集思广益，发表各自对本次主题的见解；最后经过讨论得到本次"毕业季寻访活动"主要内容和方式（如图1所示）。

图1　学生小组提出、搜集、交流寻访问题

在过程中，学生针对"关于初中，我想问的是"这一主题，结合自身体会，畅所欲言，充分表达自己的想法，听取他人见解。让人惊喜的是，学生有着很多对于初中生活独特的想法。比如：有的孩子认为上了初中后自己会变得更加高大强壮，可以不用爸爸妈妈接送上下学；有的孩子认为上了初中后能参与的活动更多，可以选择自己喜欢的社团活动；有的孩子认为上了初中学习的知识会更深奥，需要更自律地安排好自己的时间等等。"感知主题"这一任务结合了学生的年龄特点、兴趣爱好和能力运用，还锻炼了表达能力和逻辑思维能力。中高年级的部分同学已具备领导力，他们在讨论中可以很好地把握节奏，总结归纳。学生通过讨论掌握了如何分工、如何讨论、如何表达相关的技巧，各活动组摩擦、矛盾少了，沟通交流便顺畅了，分工协作等难题在团结和谐的氛围中得到很好的解决，活动开展有效度明显提高了。

（二）制定计划

讨论结束后，各个小组开始制定寻访计划。在这个过程中，学生整理讨

小学综合实践活动的
设计与实施 xiaoxue zonghe shijian huodong
de sheji yu shishi

论的重点，明确分工，查缺补漏，精简语言，最终形成了明确的寻访计划。
（如图2所示）

图2　小组制定计划方案

在每个小组确定并落实了毕业季寻访方案计划后，各组展示了制定的寻
访计划表，推选出的小组代表结合各小组讨论的结果，生动简洁地介绍了后
续计划。（如图3所示）

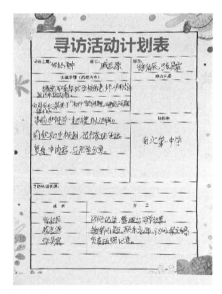

图3　各小组寻访计划表

学生把握"事事有人做，人人有事做"的分工原则，把各项任务或事情
步骤一一列举清楚。小组里的成员互相尊重，在组长的协调下，根据组员的
特点，在平等、尊重的氛围下自然展开讨论：把什么任务分配给谁完成，若
有的任务没有适合对象，又该怎么分、怎么解决等，做到分工合理明确，保

证各项任务顺利进行。比如，学生将寻访前的准备任务分解细化到工具、材料、技术准备等，寻访过程把寻访的步骤、注意事项逐条列举清楚。同时，学生按小组分工进行模拟演练，思考采访过程中可能遇到的问题，真正做到了实践性学习和合作探究。

（三）参观寻访

本任务主要是各组按照修改完善后的寻访计划，严格按照分工进行寻访活动。学生在南汇第一中学、南汇第三中学等学校进行寻访活动（如图 4 所示）。

图 4 学生进行参观寻访

学生在寻访时，根据制定好的方案，分工明确，遵守纪律。比如，他们通过查阅资料得知南汇第一中学大力弘扬中华优秀传统文化，有着 30 多门具有学校特色的校本课程。校园内还有一段古城残垣，该城墙筑于 1386 年。他们对南汇第一中学多样化的校本课程很感兴趣，这所学校的生命密码是什么？这段城墙的背后又有什么历史故事？带着一系列问题，学生们寻访了南汇第一中学的唐老师，在唐老师的讲解中，学生们领悟到南汇第一中学的风采，认为南汇第一中学是一块美玉，温润典雅，光而不耀，这温柔而强大的光芒一直延续着，温暖着"一中"的每一位师生，生生不息，永不停下。

又比如，学生想提前了解南汇第三中学的校园环境，他们寻访了三中的施老师，提出了如"中学的上下学时间""学校有什么特色活动""学校有没有社团"等问题。在施老师一一解答下，学生们看着状元榜上的哥哥姐姐们的学习经验，坚定了向他们学习的信念。

（四）感悟收获

经过寻访参观，学生对于初中生活有了更深一些的感悟，有了新的心得和体会。他们在寻访过程中保持礼貌，遵守场馆规范，仔细倾听受访老师的解答，并且能够针对老师的解答进一步提出新的问题，在这个过程中，学生学习到了请教长辈的社交礼仪，学习到了小组合作，学习到了总结经验，有效地提高了自身素养。最后，每组学生根据受访过程，总结了寻访记录，并与同学们分享寻访成果（如图5、图6所示）。

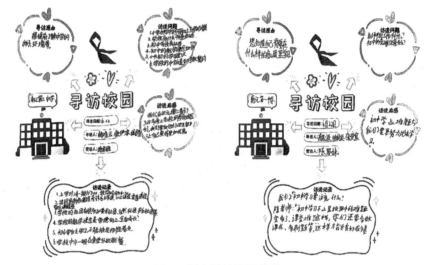

图 5　学生寻访记录情况

图 6　学生交流寻访情况

四、活动效果与反思

整个综合实践活动按照既定计划有序开展，学生能够提前搜集的资料，整理问题，分享看法，并最终将小组内的看法整合形成简洁的计划方案，寻访过程中有礼貌，针对受访老师的解答也能够主动思考主动发问，最后还整理了寻访记录。整个过程中，学生亲身经历，并且去体悟，去感知，做到了知行合一。

（一）实践创新性

本次综合实践活动从国家课程校本化、探究性课程、拓展性课程三方面建构了学校特色生态课程体系，创设了三个灵智原则——身智、心智、神智，从而让学生脱离课堂，感受三个灵智的重要性。他们亲身经历，在实践探究互动生成的过程中发现问题，运用恰当的方法解决问题，从中发展实践能力和创新能力。寻访过程中，学生正确、合理地运用观察法、实验法、询问法等进行探究实践，他们运用、经历、体验这些方法，进而一个个地解决发现或生成的问题。

（二）引导平等性

教师引导学生时，运用"平等交流"新举措，构建了和谐的师生关系、生生关系，引导学生关注自身在学习中的发现，从而引导学生进一步思考。"平等交流"即学生和班主任交流自身看法，主动发问，教师则鼓励学生把讨论中的新想法，用文字或者绘画的形式记录下来。这让教师更能倾听和理解学生，用恰当的评语促进学生发展创造力。

（三）探索具体性

在本次实践活动中，学生突破了原有的知识结构，进一步建构了新的知识框架，把隐性知识显性化，抽象知识具体化，复杂知识简单化，促进了学生知识、概念和问题的逻辑思考和表达能力。老师不仅立足课堂，帮助学生突破实践活动难点，还提示学生理解主题内容。

"毕业季寻访"综合实践活动对增强学生学习主动性、减少盲目性有着重要作用，通过观察学习、实际操作、自主探究等方式，学生不仅了解初中校园的不同，更对初中生活的有了深刻认知。在"毕业季寻访"综合实践活动中，学生通过探究实践、体验感悟，感受智慧，有了良好的目标导向。美

小学综合实践活动的
设计与实施 xiaoxue zonghe shijian huodong
de sheji yu shishi

国心理学家考夫曼认为："在人的学习成长过程中，任何一次新的探索、尝试，任何一种新的想法、观点，任何一个突破进展，对于他人可能毫无意义，但对于自己就意味着达成微创造力。"这种自身的探索、尝试、突破对于学生而言就是珍贵的"第一次"。本次活动不仅是孩子们求学路上主动踏出的第一步，也是惠南小学激发学生创新潜能的一大步。激发每一个儿童的个性潜能，是惠南小学矢志不渝的信念与决心。

红色之旅
——小学综合实践活动案例

浦东新区惠南小学　徐　婷

一、案例概述

　　红色，是一种信仰。红色基因是鲁迅"我以我血荐轩辕"的丹心一片；红色基因是李清照"生当作人杰，死亦为鬼雄"的铮铮傲骨；红色基因是文天祥"诚心一片磁针石，不指南方不罢休"的矢志不渝。

　　本实践案例围绕着"红色课本剧"这一活动主题，学生结合学校特色，通过认识课本剧、改编课本剧、课本剧初体验这三个模块，循序渐进地完成这个探究型活动。这三个具有体验性、实践性和递进性的模块活动循序推进，这样的进阶性可以有效地引导学生在计划组织——排练——表演中学习与进步，从而培养综合实践能力。通过整个综合实践活动，从内容感知的角度出发，旨在让学生了解张闻天的故事，感悟其品质，从而运用自己的表演方式，演绎出张闻天的精神；从培养能力的角度出发，旨在提高学生的合作能力与表达能力。通过整个综合实践活动将爱祖国、爱学校的种子深埋在他们心里。

二、活动背景

　　红色基因，集中体现我党我军性质宗旨本色。新时代传承红色基因，就是要锻造维护核心、听党指挥的绝对忠诚，坚定社会主义、共产主义的理想信念，强化勇于改革、敢于突破的创新意识，培育一不怕苦、二不怕死的战

小学综合实践活动的
设计与实施 xiaoxue zonghe shijian huodong
de sheji yu shishi

斗精神，严明高度自觉、令行禁止的革命纪律，巩固爱民为民、军民团结的特有优势，让红色基因在建设过硬部队中彰显时代价值。

习近平主席在中央军委基层建设会议上强调，要推进红色基因代代传工程。新修订的《军队基层建设纲要》明确规定："传承红色基因，弘扬优良传统。"这是确保党对军队的绝对领导、确保社会主义红色江山永不变色、确保党和军队事业后继有人，加强对基层官兵政治引领的重大举措，是加强新时代思想政治教育的重大政治要求，需要我们深刻理解把握、深入贯彻落实。

惠南小学基于这个理念，结合学校的特色，创编了校本课程《校友张闻天》。本次综合活动在此基础上将张闻天的故事改编成课本剧，让学生进一步感受张闻天的精神，培养学生综合素质。

三、活动过程

根据学校综合实践活动的开发与实施目标以及本次综合实践活动的总目标，我们拟定了以下三项活动模块：1. 认识课本剧；2. 改编课本剧；3. 课本剧初体验。这三个模块的设计，充分结合了中高年级学生的身心特点，并紧密切合主题"红色之旅"而展开，强调合作性、过程性、进阶性与体验性，整个综合实践活动充分结合了每个模块之间的丰富层次，并循序递进展开。

（一）认识课本剧

1. 首先，让学生了解什么是课本剧以及课本剧的特点。在教师的带领下，通过幻灯片介绍课本剧：

（1）课本剧定义：

（2）编写课本剧必须突出体现剧本的三方面特点：

① 空间和时间要高度集中

② 反映现实生活的矛盾要尖锐突出

③ 剧本的语言要表现人物性

2. 欣赏红色课本剧剧本《小英雄雨来》

（二）改编课本剧

在了解课本剧的基础上，学生需要初步构思一个课本剧的雏形。师生合作探讨，了解故事情节，丰富故事内容。教师结合学生的想法，统一出剧本。（如图 1 所示）

图1 师生合作探讨

剧本：

第一幕

（烟雾消散，小慧趴在地上，书撒了一地。慢慢地她醒了过来，坐在地上揉了揉眼睛，小慧声音处理，空旷中的声音，营造空间感。）

小慧：我这是在哪？老师呢？同学们呢？喂，有人吗？（环顾四周）咦，那儿好像有光，（爬几步）哎，这么破的房间，是谁住的呀？（静止造型）

（张闻天爷爷坐在板凳上，仔细地擦拭着一双破旧布鞋，时不时传来一声声咳嗽。）

张虹生（抱着手臂走了进来）：爸，又在擦您的鞋子了？您看看都破成什么样子了？哎，别擦了，来，我给您扔了吧。（伸手拿过鞋子，转身准备扔掉）

张闻天爷爷（皱着眉头，立马站起来，手指颤颤巍巍指着儿子）：哎，你你你，你给我站住，站住！（张虹生转身，张闻天一把夺过鞋子，爱惜地抱在怀里）

张虹生：爸，这鞋子您都穿了几十个年头了，换一双吧。

张闻天爷爷：你不懂，这可是我最好的老朋友了，就是不穿也扔不得。（说罢，一边低头看一边轻轻抚摸鞋子）

张虹生（不在意地笑了笑）：一双旧鞋子，还成您的宝贝了？

张闻天爷爷（皱起眉）：这双布鞋啊，陪着我走过了几十年的风风雨雨，我缝缝补补也有二十多回了，每次缝补都会让我想起以前的日子。

张虹生：呀，看来它还真是您风雨同舟的老朋友呢！

张闻天：是啊！它就像一个朝气蓬勃的青年变成了迟暮的老人。我怎么能因为他旧了、破了，就忘记他曾经所做的贡献，将他遗弃呢？一粥一饭，当思来处不易；半丝半缕，恒念物力维艰，勤能补拙，俭可助廉啊。（一手拿着鞋子一手搭在张虹生肩膀上笑意盈盈）（静止造型）

小学综合实践活动的
设计与实施 xiaoxue zonghe shijian huodong
de sheji yu shishi

（小慧拍拍自己的脸，不可置信）：我这是穿越了？那不是张闻天爷爷么？而那双布鞋不就是校史陈列馆的那双么？原来，它是张爷爷的呀。可是即使这鞋这么破，张爷爷都舍不得扔，而我却……（低头看到咬了一口的火腿肠和扔在地上散落的书本，赶紧捡起来擦一擦整理好放进书包里。）

第二幕

警卫员抱着炭上场，先拍拍身上的落雪，警卫员先小声嘀咕：下了几天雪，天气是越来越冷了。正正衣冠然后敲个门进入。

警卫员：张老张老，我给您拿了个木屑炉，现在就给您点上，暖和暖和。

张闻天爷爷（笑了笑，摆摆手）：不用不用，这房间不是很好吗？冻不着我！（又指着自己带来的小铁炉子）：再说，这个东西不也是可以取暖吗？

张虹生（转身去拿扫帚扫地）：爸，您看您，辛苦了大半辈子，就不能享享清福么？您这屋子也太冷了，连暖气都没有，哎，您这几天咳嗽又加重了吧。

张闻天爷爷（对警卫员摆了摆手示意没事，又从衣袋里掏出一张一张叠得整整齐齐，用手帕包好的纸币，纸币给特写）对警卫员说：既然你给我送来了木屑炉，那这些钱你拿着，去付木屑费！

警卫员（吃惊，连忙摆摆手）：这一点点木屑不用付费，况且上级有规定，是由招待所管理处支付的。

张闻天爷爷（皱眉，拍了一下桌）：这怎么能行，我们是国家干部，国家现在也很困难，我们自己的困难是能够克服的，集体的东西我一分钱也不能要，公私要分明呀！

警卫员：唉，张老别生气，我十分尊敬您，但最近天气着实冷，这一点点木炭也是上级照顾国家干部的东西呀！您就收着吧！

张虹生：爸，自从改革开放以来啊，党和国家不遗余力地为人民服务，为老百姓谋福祉，我们的日子啊，是越过越好咯。

张闻天：老伙计呀（拿起布鞋，仔细端详）几十年前缺吃少穿，居无住所的窘境一去不复返喽。可是虹生（抓紧儿子的双手），我们共产党人艰苦朴素、一心为民的优良传统可不能丢啊！

张闻天（转向警卫员，将钱往他怀里一塞）：这钱你拿着！

警卫员（无奈地挥手，赶紧离开）：真的不用，我先走了，张老您好好休息。

张闻天爷爷（攥着钱，往前追）：哎，你等一等！拿着，拿着。（静止造型）

（三）课本剧初体验

本任务是结合个人的特点及角色需要，确定角色。每个小演员需要先熟悉自己的角色。了解自己大致要说的台词以及需要表达的情感。再进行初次对稿，尽量能熟悉自己的角色对白，把各自的对白读流利。然后小组内根据组内需要调整角色，尽量能结合每个组员的特点。最后确定角色，并背诵各自的台词。（如图2所示）

图 2　演员初次对稿

经过一次又一次的辛苦排练。孩子们用角色扮演再现那一个个场景，用饱含深情的表演、坚定挺拔的身姿，热情讴歌了张闻天的丰功伟绩，充分表达了对惠小的热爱和对祖国的崇敬。（如图3所示）

图 3　演员课本剧拍摄

四、活动效果与反思

整个综合实践活动按照既定计划有序开展，学生能够提前搜集资料，发表自己的意见，最后将自己的理解通过表演表现出来。

（一）精心设计，积极宣传

活动的方案策划是活动成功的基石。本次活动围绕着"红色课本剧"这一活动主题，结合学校特色，通过认识课本剧、改编课本剧、课本剧初体验这三个精心设计的模块，循序渐进地完成这个探究型活动。学生在计划组织——排练——表演中学习与进步，从而培养多元化的能力。活动得到了学校校长室、德育室的大力支持，少先队大队部通过学校广播室宣传，让学生更清楚地了解整个活动的内容、形式和意义，充分调动了师生的参与积极性，使整个主题活动将爱祖国，爱学校的种子深埋在学生的心中。

（二）形式丰富，内容多样

民族精神和爱国主义需要渗透式教育，因此本次主题活动特意设计了课本剧体验这一环节。针对中高年级的学生，遵循孩子的心理和认知发展规律，从初步了解到熟知再到实践体验，并进行改编、体验课本剧，阶梯式的递进活动，能提升学生的新鲜感，使整个主题活动更务实、具体、多样，有效提高学生对主题活动思想教育的选择度，增强学生的爱国意识。

（三）营造氛围，提升兴趣

课本剧能够营造宽松的学习氛围，激发学生的学习兴趣，调动学生的学习积极性，鼓励学生大胆创新。现在都要求强调学生的主体性，但在传统课堂上真正要做好还是有难度的。课本剧表演却为孩子们搭建了很好的舞台。只要在不改变剧本主旨，孩子们有很大自主选择的范围，自己选择合作伙伴。同学之间可以充分讨论，发表见解，这样可以充分满足不同程度、不同个性的学生需要。

本次活动是场别开生面的演出，也是艺术和力量的碰撞。课本剧的演绎，使惠小的学子们更加坚定听党话、跟党走、做红色接班人的理想信念。相信他们早在心中立下为实现中华民族伟大复兴的中国梦，树立奋发学习的远大志向，传承红色基因，赓续红色血脉，为绘就强国画卷贡献力量。

打卡幸福圈

——小学综合实践活动案例

浦东新区惠南小学　王淑钰

一、案例概述

为了提升学生综合能力，我校利用"15分钟幸福圈"这一活动主题，引导学生在课内学习的基础上，充分接触和感受生活，进一步提升综合实践活动的有效性，提高活动质量和水平，为学生提供更好的实践体验，增强学生的学习效果和兴趣。

通过本次实践活动，学生有机会观察社区、了解社区服务，感受到同龄人之间的友情和社区的温暖。这将激发他们积极参与社区管理和地区发展的热情，促进新时代少先队的社会化，实现幸福教育的目标。同时，学生还能够发展自己的兴趣爱好，培养社会责任感和创新精神。

二、活动背景

惠南小学按照就近就便的原则，整合学校辐射区域内的红色、教育、文娱、体锻等实践资源，打造学校"15分钟幸福圈"的主题活动，丰富了惠小少年"双减"后的课余幸福生活。通过"15分钟幸福圈"的实践活动，引领惠小学生体验快乐、追求成功、实现价值，提升学生的幸福感知力和幸福创造力，为成就幸福人生奠基。

小学综合实践活动的
设计与实施 xiaoxue zonghe shijian huodong
de sheji yu shishi

三、活动过程

根据学校综合实践活动的开发与实施以及本次综合实践活动的目标，此次活动旨在培育学生各项基本素养，提升综合实践能力，学生通过亲身参与和体验，增长了知识，增进了观察力、表达能力和团队合作精神。他们在活动中展示了自己的才华和个性，展示了最真切的情感表现，同时也学会了尊重和欣赏他人的努力和成果。这次参观活动不仅是一次知识的积累，更是一次全面的成长和发展的机会。

（一）从兴趣出发，畅游一方天地

在教师的引导下，学生整体感知本活动主题。教师向学生介绍"惠乐园"的样貌，包括室内的美工室、乐高室、阅览室等，以及室外的儿童玩乐设施和植物科普区。学生根据自己的兴趣选择想要参观的地点，交流分享选择的原因。根据选择的参观地点，学生进行分组，并确定各组组长。

（1）美工室

爱好美术的学生在美工室里动手创作。有的学生选择了水彩画，他们用刷子蘸取颜料，轻轻地涂抹在纸上，绘出了绚丽多彩的色彩。有的学生选择了素描，他们用铅笔勾勒出细腻的线条，将自己的想法和感受表达出来。还有的学生选择了剪纸，他们用剪刀巧妙地剪出了各种形状，展示出了自己的巧手和创意。

（2）乐高室

学生开始拼搭自己的作品。有的学生选择了建造城市，他们用高楼大厦、汽车和道路来构建自己的梦想之城。有的学生选择了太空探险，他们用火箭、星球和宇宙飞船来创造属于自己的星际冒险故事。还有的学生选择了动物世界，他们用各种动物的形状来创造出一个活灵活现、充满生机的自然场景。

（3）儿童玩乐设施和植物科普区

学生在秋千上荡来荡去，感受到了飞翔的快乐；在滑梯上滑下来，尽情释放了自己的活力；在植物科普区仔细观察着各种植物的生长过程，学习到了许多自然知识。

（二）小组为载体，培育团队合作意识

学生在组长带领下进行分组参观。在参观过程中，学生不仅仔细观察展品，还积极发挥自己的想象力和创造力。每个小组都有一个特定的主题或任务，他们紧密合作，互相交流和讨论，共同完成作品。有的学生负责收集信息和资料，有的学生负责设计和制作展品，还有的学生负责撰写解说词或展示方案。每个人都充分发挥自己的特长和才能，为小组的作品贡献自己的力量。

完成作品后，各小组之间进行了激烈的小组比赛。他们用精彩的演讲、生动的表演或精美的展板展示自己的成果。他们以自信和骄傲的姿态站在舞台上，向评委和观众展示他们的努力和创造力。除了比赛，他们还与同伴分享交流彼此的经验和心得。他们相互鼓励、互相学习、互相取长补短，从别人的作品中获得灵感和启发。他们虚心接受他人的建议和意见，不断完善自己的作品，提高自己的能力。

通过这次参观活动，学生不仅增长了知识，还培养了团队合作精神和创新思维能力。他们在组长的带领下学会了倾听、尊重和合作，同时也学会了表达自己的观点和想法。这次参观活动不仅是一次知识的积累，更是一次全面的成长和发展的机会。

小学综合实践活动的
设计与实施 *xiaoxue zonghe shijian huodong
de sheji yu shishi*

（三）以分享会收尾，提升表达能力

学生参观结束后，大家兴致勃勃地参与分享会，交流自己的收获。

（1）参观美工室的同学们纷纷拿出自己认识的画材，向大家展示自己的作品。他们讲述着每种画笔和颜料的特点与用途，还分享了一些绘画技巧和心得体会。（2）参观建构室的同学们分享了自己在趣味拼搭积木墙上看到的物品，展示了自己拼搭的积木作品。他们用生动的语言描述了每个作品的形状、颜色和功能，还互相夸奖彼此的创意和付出的努力。（3）参与户外活动的学生们也纷纷表达了自己在游戏中的感受，讨论着游戏中的策略和技巧，相互学习和借鉴。（4）参观科普创新屋的同学们分享了他们在体验儿童健身科普发电脚踏车时的感受。他们体验了通过踩踏脚踏车可以发电的经历。他们还互相交流了自己想要发明的物品，激发了彼此的创新思维和想象力。（5）参观艺术微展厅的学生们交流了自己看到的标志性建筑以及看到画作后的感受。他们用独特的视角观察和感受着周围的艺术元素，用语言描绘出了自己眼中的美丽和灵感。

活动结束后，同学们迫不及待地填写惠小少先队员实践争章护照，记录下了这次活动的感受和收获。他们用心写下了自己的感想和体会，展示了对学习的热情和对未来的期许。这次参观活动不仅丰富了学生们的知识，还培养了他们的语言表达能力。

四、活动效果与反思

通过创新的"幸福圈"学习模式，学生的学习效果和学习兴趣都得到了显著提升。这种学习模式不仅注重知识的获取，更注重培养学生的综合素养和实践能力。在参观与实践的过程中，学生不是被动地接受知识，而是积极参与其中，也激发了学生挑战新事物的兴趣。通过亲身体验和实际操作，不断提高自己的交流能力和合作能力。他们学会了如何与他人进行有效沟通和协作，培养了团队合作精神和领导才能。这种学习模式还激发了学生的兴趣爱好和个人潜能的发展。学生可以根据自己的兴趣选择参与不同的活动和项目，发展自己的特长和才能。他们在实践中不断探索和尝试，培养了解决问题的能力和创新精神。此外，通过参与社会实践活动，学生还培养了社会责任感。他们了解到自己的行为和决策对社会的影响，学会了关心他人、尊重他人和维护公共利益。这种社会责任感的培养不仅使学生学习成为有担当的公民，也为他们的未来发展打下了一定的基础。

然而，尽管"幸福圈"学习活动在很大程度上提升了学生的学习效果和学习兴趣，但后续活动的延伸还不够充分。学校将进一步丰富和完善这种学习模式，提供更多的实践机会和资源支持，让学生能够更好地开拓自己的潜力和创造力。未来，学校还会积极开发校外优质资源，加强与企业和社会机构的合作，为学生提供更多的实践项目和学习机会，让他们能够更好地将所学知识应用到实际中去。

感恩、成长、展望

——小学综合实践活动案例

浦东新区惠南小学　张梦露

一、案例概述

小学毕业典礼活动是学校教育的重要组成部分，它不仅是对学生五年学习生活的总结和回顾，也是对学生未来学习生活的展望和祝福，更是对学生感恩教育的一次实践和检验。

本主题活动围绕着"毕业"这一关键词，通过组织筹备隆重而有意义的毕业典礼，引导学生回忆小学五年来与伙伴们、老师们以及母校相处的美好生活，使其懂得自己的成长离不开老师、家长和同伴的帮助与鼓励，激发他们珍惜这份情感，学会感恩，寻找成长中的闪光点，找到不足之处，激励其以此为起点，追逐新的梦想。

通过本次综合实践活动，学生能够感受到母校的关爱和培养、老师的教导和期望、同学的友谊和支持、家长的陪伴和鼓励，从而增强自信，树立理想，追求卓越，为未来发展打下坚实基础。这个活动也展示了学校的教育理念和特色，体现了学校的文化氛围和精神风貌。

二、活动背景

为了庆祝学生完成小学阶段的学习，也为了展示学生的成长成果和特长才艺，让学生感恩母校和老师，展望未来的中学生活和理想，开展本活动。

小学毕业是学生人生的一个重要转折点，也是一个新的起点。在这个时刻，学生需要对过去的学习生活进行总结和反思，对未来的学习生活进行规划和期待，对母校的教育和培养表示感激和祝福。因此，举办一场富有意义和创意的毕业典礼活动，是对学生的一种教育和鼓励。本次活动的主题是"感恩、成长、展望"，体现了学生对母校的感恩之情，对自己的成长之路，对未来的展望之心。这个主题既符合学生的心理特点和需求，又符合学校的教育目标和要求，具有很强的针对性和吸引力。

三、活动过程

此次毕业典礼系列活动之一是"放飞理想"，学生采用"愿景卡"的形式，写下对母校的祝福、对未来的梦想。并且以班级为单位，将"愿景卡"放入"愿景瓶"，放置于校史馆指定位置留存纪念。

（一）绘制"愿景卡"

1. 组织讨论为什么要制作"愿景卡"：在学生写下对母校的祝福或自己的梦想之前，老师先引导学生进行一次小组讨论，让他们思考为什么要制作"愿景卡"，"愿景卡"有什么意义和作用。老师提供一些问题或提示，例如：

①"愿景卡"是一种怎样的形式？它可以表达什么样的内容？

②"愿景卡"可以帮助我们怎样回顾过去的学习和生活经历？

③"愿景卡"可以帮助我们怎样展望未来的学习和生活目标？

④"愿景卡"可以帮助我们怎样表达对母校、老师、同学和家长的感恩之情？

⑤"愿景卡"可以怎样激励我们为实现梦想而努力？

让学生在小组内交流自己的想法和感受，然后由每个小组选出一名代表在全班分享。通过这样的讨论，可以让学生明白制作"愿景卡"的意义，增强他们的参与度和积极性，也可以培养他们的沟通和表达能力。

2. 学生分小组构思"愿景卡"的版面：在学生明确了"愿景卡"的主题和内容后，老师让学生分小组进行版面设计，让他们根据自己的想法和喜好，选择合适的颜色、字体、图案、布局等，使得"愿景卡"更加个性化和美观，在此基础上增添一些创意想法。学生可以参考老师提供样例或素材，也可以自由发挥。让学生在小组内讨论和协商，然后画出草图，最后由每个小组选出一名代表在全班展示。通过这样的设计，可以让学生发挥自己的创

小学综合实践活动的
设计与实施 xiaoxue zonghe shijian huodong
de sheji yu shishi

造力和想象力，也可以培养他们的审美和协作能力。

3. 请学生谈一谈自己想要写什么画什么，为什么要写或画这个内容：在学生完成了"愿景卡"的版面设计后，老师请学生谈一谈自己想要写什么画什么，以及为什么要写或画这个内容。例如：

① 你想要写下什么样的祝福或梦想？这些祝福或梦想对你有什么特别的意义？

② 你想要画出什么样的图案？这些图案代表了什么？它们和你的祝福或梦想有什么关联？

③ 你想要通过你的"愿景卡"传达什么样的信息或情感？你希望你的"愿景卡"能够给别人带来什么样的影响或启发？

让学生在小组内分享自己的想法和感受，然后由每个小组选出一名代表在全班发言。通过这样的分享，可以让学生深入思考自己"愿景卡"的内容和意义，也可以提高他们的自我认识，培养自我表达能力。

（二）展示"愿景卡"的环节

1. 各小组推优展示完成的"愿景卡"：在绘制好自己的"愿景卡"后，学生分小组评选，选出每个小组的优秀作品，然后由每个小组的优秀者上台展示自己的"愿景卡"，介绍自己的创作过程和心得。老师适时提供一些评价或指导，也可以让其他同学提出一些问题或建议。通过这样的展示，让学生展现自己的成果和才艺，可以培养他们的自信和自豪感，增进他们之间的了解和互动。

2. 请各组的优秀者谈一谈制作"愿景卡"的感想：在学生展示完自己的"愿景卡"后，请各组的优秀者谈一谈制作"愿景卡"的感想，让他们回顾自己的学习和生活经历，总结自己的成长和收获，表达自己的感激和祝福，展望自己的未来和理想。学生从多方面分享了自己的心得体会，例如：

① 在制作"愿景卡"的过程中遇到了什么困难或挑战？是如何克服的？

② 在制作"愿景卡"的过程中收获了什么知识或技能？这些对以后的学习和生活有什么帮助？

③ 在制作"愿景卡"的过程中感受到了什么样的快乐或感动？最想感谢或祝福的人是谁？

④ 在制作"愿景卡"的过程中有什么样的反思或启发？对自己的未来有什么样的规划或期待？

学生发表自己的感想，然后由老师进行总结和点评。通过这样的感想，让学生对自己的制作"愿景卡"的活动进行一个完整的回顾和评价，也培养了他们的自我反思和自我提升能力。

3. 在班干部的组织与协调下，将"愿景卡"放入班级"愿景瓶"中。

4. 将班级"愿景瓶"放至校史馆指定位置。

同学们将绘制好的"愿景卡"放入"愿景瓶"中，并且小心封存。在学校的组织和带领下，以班级为单位放至校史馆。在校史馆中，大家通过各种图片及实物资料，再次深刻地感受到母校丰厚的历史底蕴，切身体会到文化的传承。此次活动让同学们在对母校充满敬意和感恩的同时，也更坚定了自己要努力为实现梦想而拼搏的决心。

5. 学生与"愿景瓶"合影留念

"愿景瓶"整整齐齐地排列着，形成了一面愿景墙。同学们有序地在愿景墙前合影留念。这是一次难忘的经历，也是一份珍贵的纪念。一个个"愿景瓶"中，装着的是对自己的梦想和未来的祝福，也是对母校和同学们的美好祝愿。相信每一位同学都能勇敢地追求自己的理想，自信地面对未来的挑战。

四、活动效果与反思

本次综合实践活动达到了预期的效果，让学生体会到感恩、珍惜和拼搏的精神，激发了他们对未来的信心和期待，增进了师生之间和同学之间的情感和友谊。学生在活动中感受到了母校的关爱和培养、老师的教导和期望、同学的友谊和支持、家长的陪伴和鼓励，从而增强自信，树立理想。学生也意识到了一个学段的结束，也是另一个学段的开始，学习和人生都需要不断地总结、规划、奋斗，才能走向更加辉煌的明天。这个活动展示了学校的教育理念和特色，体现了学校的文化氛围和精神风貌，为学校的教育工作增添了光彩，也收到了学校领导、老师、家长和社会的好评和支持。

在本次活动过程中，也有一些需要改进的地方。在组织活动的时候，要更加充分地考虑学生的个性和差异，给学生足够的自主和选择的空间，提高学生的参与度和积极性。要充分利用现代信息技术、社会资源，与专家进行有效对接，使活动的形式和内容更加丰富，力求达到最佳效果。在评价活动过程中，要注意充分发挥学生的主体作用，与学生进行充分的沟通和反馈，使活动的效果和意义得到充分的体现。

足球嘉年华
——小学综合实践活动案例

浦东新区惠南小学　朱一帆

一、案例概述

　　足球的魅力远超过我们所能想象的边界。对小学生来说，它不只是与伙伴们共同挥洒汗水的竞技，也是他们在成长期间，体验生活、感悟人生的重要课堂。在那个宽广的绿茵场上，孩子们可以自由地奔跑、跳跃、变向，每一个动作都充满了力量与活力。这种全身心的运动方式，不仅锻炼孩子们的身体，还让他们体验到了运动的快乐。

　　本实践案例围绕着"足球嘉年华"这一活动主题，主要通过"了解项目、制定计划，小组分工、开展研究，整理成果、实践评价"这三个模块来完成。在情境与问题、体验与感知、合作与探究、表现与交流中，培养学生的综合实践能力。增强学生体质，培养学生拼搏进取、团结协作的体育精神。通过广泛开展校园足球活动，在学生中普及足球知识和技能，形成校园足球文化，提高学生的足球兴趣，建立和完善我校足球联赛制度，从而培养全面发展、特长突出的校际足球后备人才。

二、活动背景

　　牢固树立和强化"健康第一"的指导思想，落实立德树人根本任务，惠南小学依据"惠人惠己、成人成才"的办学理念、坚持贯彻"体教结合"精神，精心打造"校园足球"特色项目，传承我校足球文化传统，不断地积极探索"足球嘉年华"综合实践活动的开发与实施。

《足球嘉年华》活动依据五个年级学生的身心发展特点,设计了五个小主题。通过活动,在学习足球技术的过程中融合体育、信科、美术、语文、德育等学科综合元素,为学生提供了展示综合才能的舞台,实现身体素质、艺术欣赏、知识涵养的综合提升。实现学科融合和体育核心素养的培育,展现"有惠心、能惠巧、得惠美、显惠中"的新时代儿童形象,形成以足球联赛为中心,辐射阅读、写作、艺术创作、综合实践、思想道德建设等方面更加丰富、立体式、动静结合的校园文化氛围。

三、活动过程

根据学校探究型课程的开发与实施目标以及本次综合实践活动的目标,我们拟定了以下四项活动模块:1.设计方案;2.打磨方案;3.方案实施;4.感悟收获。这四个模块的设计,充分结合了中高年级学生的身心特点,紧密切合主题"足球嘉年华"而开展。

(一)感知主题

在明确任务之后,学生通过各种途径自主查阅各类资料、登录网站等学习方法了解并搜集足球比赛的相关资料,初步了解足球嘉年华相关内容,为设计方案做好准备。并且在教师的引导下,学生整体感知本活动主题(如图1所示)。

图1 学生参与活动小组照片

小学综合实践活动的
设计与实施 xiaoxue zonghe shijian huodong
de sheji yu shishi

在查找资料过程中，学生分工明确，每位同学都能承担特定的任务或角色，从而确保小组的工作能够有序进行，提高效率，提升团队精神和责任感。通过分工，小组成员都能找到自己擅长的领域，发挥自己的优势，从而在完成任务的过程中获得成就感和自信心。这种分工还能帮助小组成员更好地了解自己的长处和短处，及时反思，从而明确自己的发展方向。

（二）制定计划

（1）交流方案

在前期充分准备的情况下，共同设计一份方案计划，清晰地表述足球嘉年华的各项活动。完成之后，在老师的带领下，进行方案的交流与分享。每个组派一名代表陈述小组设计的方案，要用简洁的语言说清楚。教师在学生交流方案的过程中，适时引导学生互相交流，互相辨析，提出建议。其他组认真聆听，仔细思考，可与组员轻声讨论，并对发言小组进行评价。在介绍完方案后，其他小组成员进行评价，大胆提出疑问、建议或不足之处。面对质疑，发言小组可以进行思辨，记录建议，写下改善措施或创意思考。

图 2 学生交流方案活动照片

（2）修改完善方案

在交流和评价之后，学生们根据收到的反馈和建议，对原方案进行修改和完善。他们深入思考每个环节的可行性、合理性和创新性，调整活动内容、形式和目标，使方案更加具体、明确和有效。这个过程中，学生不仅锻炼了自己的思维能力和组织能力，还学会了倾听、理解和接纳他人的意见，进一步提升了团队合作和解决问题的能力。

在修改完善方案后，学生开始按照新的方案开展活动。他们按照分工，各自承担起自己的任务，有的负责组织活动，有的负责宣传推广，有的负责现场协调等。在活动过程中，学生积极投入，充分发挥自己的特长和才能，与伙伴们共同努力，完成了各项任务。

图3　学生参与小组评价照片

（三）参与活动

各组按照修改完善后的设计方案，按照分工开展嘉年华。1.准备好嘉年华的相关材料。2.按照实施步骤开展嘉年华活动。3.组长起到协调、灵活机动地安排分工、组织、推动方案实施的作用。

对学生来说参与活动的体验是非常宝贵的。在这次足球嘉年华活动中，学生们通过亲身参与，体验到了运动的快乐和团队合作的力量。他们在比赛中感受到了竞技的激情和胜利的喜悦，也在失败中学会了坚持和拼搏。通过与其他同学的交流和合作，他们也锻炼了自己的沟通能力和人际交往能力。

此外，本次综合实践活动还让学生更加深入地了解了足球运动的知识和技巧。活动中，他们不仅学习了足球的基本规则和技巧，还通过比赛和训练，提高了自己的技能水平和战术意识。这种学习和体验的过程，对于他们的全面发展和个人成长都是非常有益的。这些体验和收获，将对他们未来的学习和生活产生积极的影响。

图4　学生参与足球嘉年华活动照片

（四）感悟收获

在参与活动的过程中，学生不仅享受了足球带来的快乐，还收获了宝贵的经验和感悟。

首先，他们体会到了团队合作的重要性。在嘉年华的筹备和实施过程中，只有小组紧密合作，才能确保活动顺利进行。他们学会了如何分工合作，如何协调每个人的工作，以及如何共同解决问题。这种团队合作的精神不仅在足球场上得到体现，更在他们的学习和生活中起到了积极的作用。

其次，同学们通过活动感受到了努力和坚持的力量。在筹备过程中，他们遇到了许多困难和挑战，但他们没有放弃，而是通过努力和坚持克服了这些困难。这种精神不仅让他们在活动中取得了成功，更让他们在未来的学习和生活中更加勇敢和坚定。

最后，同学们通过活动认识到了自己的潜力和能力。在筹备和实施过程中，他们充分发挥了自己的特长和才能，为活动的成功做出了贡献。这种自我认知不仅让他们更加自信，更让他们明确了自己的发展方向和目标。

总之，通过参与"足球嘉年华"综合实践活动，学生不仅享受了足球带来的快乐，还收获了宝贵的经验和感悟。这些经验和感悟将对他们未来的学习和生活产生积极的影响，让他们更加勇敢、坚定和自信。

图 5　学生发表感悟与收获照片

四、活动效果与反思

（一）活动效果

（1）搭建舞台，提升兴趣

兴趣是力求认知和探究事物的心理倾向，它由获得该方面的认知在情绪体验上得到满足而产生。我们学校通过开展"足球嘉年华"综合实践活动，从内容感知的角度出发，在让学生进一步了解足球文化，激发了对足球运动的兴趣。

（2）多种形式，掌握能力

学生在综合实践活动中，逐步学会合理地运用体能与技能知识来进行足球比赛，进而逐渐树立学练足球的意识，培养合作的意识、能力和拼搏精神。活动过程中，我们采用了多种形式，以吸引学生参与，激发他们的兴趣和热情。

（二）活动反思

本次活动虽然取得了一定的成果，但也存在一些不足之处。

首先，在活动过程中，有些学生参与度不高，缺乏积极性和主动性。这可能是由于活动设计不够吸引人或者学生自身的原因所致。针对这个问题，我们需要进一步完善活动设计，提高活动的趣味性和互动性。

其次，在活动过程中，有些小组的团队协作不够默契，存在一些沟通和协调上的问题。这可能是因为小组成员之间的沟通不够充分或者团队协作不够充分所致。针对这个问题，我们需要进一步加强团队协作的训练和指导，帮助学生更好地掌握团队协作的方法和技巧。

最后，在活动过程中，有些学生的个人表现不够突出，缺乏自信和表现力。这可能是因为学生在平时缺乏锻炼或者缺乏自信所致。针对这个问题，我们需要进一步加强对学生的指导和帮助，帮助他们更好地发挥自己的优势和潜力。

我们将继续努力改进和完善活动设计和方法，适当调整方案，为学生的身心健康和全面发展做出更大的贡献。

金色麦穗
——小学综合实践活动案例

浦东新区惠南小学　朱　佩

一、案例概述

本次综合实践活动以"金色麦穗"为主题，让学生通过查阅资料认识小麦，采取分小组合作探究的方式，学习栽种小麦，观察记录小麦的成长变化。让学生感受探究实践带来的愉悦和价值，激发学生热爱劳动的情怀，弘扬勤劳俭朴的中华传统美德。

小学四年级学生已经具备一定的信息收集与整合能力，能够进行简单的归纳整理。同时，四年级学生在身体素质方面能够承担一些较简单的农活，掌握了基本的探究技能。在这些技能的基础上，他们还有强烈的好奇心和探究欲望，渴望在"做"中学、在"玩"中学，在"学"中研，更加关注能够学到的内容，可以接受更多的信息。因此活动设计以学生为主体，让他们自己去查阅资料，小组内交流讨论，希望以任务驱动学习，使得学生在活动中能学会与人合作劳动，习得劳动技能，感受劳动的艰辛，懂得珍惜劳动成果。

二、活动背景

随着人们生活水平的日益提高，如今的学生对于五谷方面的知识不甚了解。他们一直生活在父母的庇护之下，很少能真正地体会到劳动的乐趣。然而，学生对于种植活动又充满了兴趣，只是平时没有机会参与。本次劳动实践活动就是一次很好的契机，教师将引导学生进行认识小麦、栽种小麦、培育小麦、观察小麦等一系列活动。作为"慧谷农场"的实践项目，学生可以初步体验种植，初步学会与他人合作劳动，在劳动中体会劳动的苦与乐，养成正确的劳动观念和基础的劳动能力，成为劳动小能手，达到课程总目标，逐步形成学科核心素养。

三、活动过程

（一）认识与探究

同学通过查阅课外资料，请教他人或实地考察等途径，了解小麦的相关知识，完成"小麦资料卡"。（如图 1 所示）

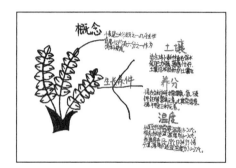

图 1　小麦资料卡

四年级的学生有一定搜集资料、概括重点的能力。在活动准备阶段，让学生通过各种方法了解小麦的基本情况：包括种植历史、主要产地、适宜生长条件等，通过制作图标、思维导图或小报的方式展示，激起学生种植小麦的积极性，梳理知识。

学生搜集了不少关于小麦的知识后，先请学生在小组内交流，这样每位学生都能参与其中，能归纳集齐大家所搜集到的资料，使得之后全班的交流分享内容更完整全面。活动中，学生讨论得很热烈，小组合作更具意义与价值。

小组交流后，教师邀请小组组长上台进行全班交流。组长们思路清晰，将自己小组所搜集的资料进行分享与汇报，其他聆听的同学也很专注。在交流过程中，教师引导学生归纳总结了有助于小麦生长的条件，确保学生所搜集的内容准确，也为接下去的栽种活动做好铺垫。

（二）分工与种植

　　教师提前准备或布置学生带好种植所需的材料和工具（花盆、育苗盘、泥土、种子、铲子、喷壶等）。回顾之前种植绿豆的经历，在老师协助下，分小组种植。这次种植活动形式分为土培和水培。

　　（1）土培

　　准备工具：花盆、泥土、种子、铲子、喷壶

　　栽种过程：① 老师示范，并播放视频；

　　　　　　　② 小组协作完成栽种任务；

　　　　　　　整土（松土、翻土）；

　　　　　　　下种（挖坑、排种、覆土）；

　　　　　　　浇水。

　　（2）水培

　　准备工具：育苗盘、种子、喷壶

　　栽种过程：① 老师示范，并播放视频；

　　　　　　　② 小组协作完成栽种任务；

　　　　　　　提前将小麦种子洗净，浸泡 8 小时左右；

　　　　　　　倒水，将小麦种子置于网格盘上；

　　　　　　　盖上纸巾，将纸巾喷湿。

　　两种种植方法都不难，学生能有条不紊地按照步骤，分工明确进行栽种活动。（如图 2 所示）

图 2　水培小麦

（三）观察与记录

培植活动后期的养护是至关重要的。在完成栽种后的培育阶段，学生几乎每天都要去给小麦浇水或换水，密切关注小麦的生长情况。若出现状况，及时采取措施解决问题。教师在此环节为学生提供相应的指导和建议，帮助学生解决实际困难。由于不同学生浇水次数不一，培育方式不同，小麦的生长过程与进程也不相同。

培育过程中，教师引导学生仔细观察，并在家长的帮助下填写观察记录表，记录下每个阶段做的事情和小麦种子的变化情况。教师引导学生关注小麦种子的大小和颜色、小麦芽的长短和颜色等方面，学生根据自己的喜好，画下不同阶段的种子形态，还写下了文字描述，具体记录了观察到的结果和变化。学生通过亲身参加劳动，亲手种植小麦，感受到了劳作的酸甜苦辣，这也有助于培养学生仔细观察和积极劳动的好习惯。

图 3　学生观察种子的变化

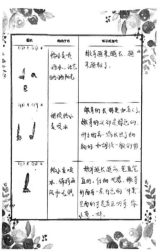

图 4　观察记录表

小学综合实践活动的
设计与实施 xiaoxue zonghe shijian huodong
de sheji yu shishi

（四）总结与展示

学生在观察与记录后，通过各种汇报方式展示。展示过程中，每个小组都能够采用最适当的方式来呈现观察记录表。展示的过程中做到声音洪亮、语言流畅、条理清晰，并且允许组员们进行补充，以便让在场的其他同学们能更好地聆听每组的观察记录成果。另外，每一组学生们所采用的方式也各式各样，不尽相同。学生在展示中，通过图文结合等多种形式，展现自己的观察记录成果，提升学生的多元能力。

四、活动效果和感悟

本次"金色麦穗"综合实践活动，充分激发了学生参与种植的热情和积极性，提高了学生体验劳动、参与劳动的兴趣。学生在种植过程中感受到植物的生长需要用心呵护，细心栽培，从而感受到劳动成果的来之不易。通过种植小麦，学生身心参与、手脑并用，面对真实的生产情境，亲历实际的劳动过程，懂得珍惜劳动成果。学生在观察和记录植物的生长变化中，能体会到劳动收获的喜悦，体会到劳动的快乐。教师要在这个阶段引导学生善于观察思考，注重运用所学的知识，解决实际问题，提高劳动质量和效果。这次劳动活动丰富了学生的知识，锻炼了学生实践操作的能力，有助于培养他们吃苦耐劳的品质。

在这个活动中，教师尤其关注学生劳动过程中的体验和感悟，引导学生感受劳动的艰辛和收获的快乐，增强获得感、成就感、荣誉感，鼓励学生学习借鉴他人丰富的经验和技术，尝试新方法，探索新发现。在协助学生解决劳动过程中遇到的问题时，引导学生对活动全过程进行自我评价。最后，学生总结参与种植过程中的心得，并分享自己的感悟，对此次综合实践活动进行反思与总结。

虽然在活动中还存在些许问题，但是活动依旧受到了学生、家长的肯定，不仅仅在活动中每一位学生都能够自由地选择自己喜欢的任务进行小组组队，开展活动，还能够锻炼每一位学生的探究能力，提升他们主动学习的动力，促进班级里相互合作的学习精神。相信每一位学生能够在每次的活动中都能有所提升，学会发现问题、思考问题、解决问题，应用已有的知识与经验，提高设计实验的能力，学习和掌握一些科学的研究方法。

我和春蚕有个约会

——小学综合实践活动案例

浦东新区惠南小学　周非儿

一、案例概述

《诗经》有云："桑之未落，其叶沃若。吁嗟鸠兮，无食桑葚。"人类种植桑树由来已久，桑树凝聚着浓重的历史韵味，一枯一荣代代相传。中国人养蚕的历史大约有 5000 年，养蚕缫丝自古便是一个非常重要的产业。春天，大地复苏，生机盎然，这正是孩子们走进自然、亲近自然的大好时光。本实践案例邀请学生走出教室，走向大自然，亲自体验养蚕过程。学生进行长周期的养蚕打卡活动，去探索蚕的变化，发现"蚕宝宝"的特征，从而培养学生科学观察和发现有利证据，提升解决问题的能力。让学生在实践中猜想、验证、反思，在游戏中学习与研究，用长期的探索解开大自然的奥秘，探究生命周期的规律。

本实践案例围绕着"我和春蚕有个约会"这一活动主题，学生结合生活实际，通过"我们来养蚕""我会写报告""我和我的蚕""养蚕总结会"这四项活动，循序渐进地参与并完成本次综合实践活动。这四个具有相关性、实践性和递进性的活动之间拥有丰富的层次，这样的进阶性可以有效地引导学生在实践操作—观察记录—感悟表达—总结交流中学习与进步，从而培养跨学科意识以及综合实践能力。通过整个劳动教育实践活动，从内容感知的角度出发，让学生熟知养蚕的科学知识，掌握养蚕技巧，激发养蚕兴趣，学会合理地运用农业与科学知识来进行养蚕的实践操作，进而逐渐树立科学探究

小学综合实践活动的
设计与实施 xiaoxue zonghe shijian huodong
de sheji yu shishi

的意识，形成对生命的敬畏，体验生命的伟大。

二、活动背景

本实践案例结合了浦东新区惠南小学的区级课题《以"三园"为载体，探索"劳动"育人新模式》的项目研究，实践劳动教育课程之"惠探索"中劳动小达人内容，以主题式活动有效推进劳动育人，激活教师、学生、家长对劳动教育的认知，邀请学生走出教室，走向大自然，亲自体验养蚕过程，提高学生学习探究的技能、小组合作的能力和动手实践操作的能力，从而使学生形成合作意识，促进培养自主探究的意识与创新能力。

三、活动过程

经前期调查发现，居住在城市里的大多数孩子没有养蚕的经验，他们对养蚕这项活动感到新鲜好奇。找到兴趣点后，教师需要考量学生情况，引导学生从不同学科，多角度、多方法开展实践活动。养蚕活动操作简单，蕴含的学问却不少，也易获得成就感，让学生在掌握知识与技能的同时感受生命的意义，学会尊重、热爱和珍惜生命。

根据学校综合实践活动的开发与实施目标，以及本次实践活动的目标，拟定了以下四项活动内容：1.我们来养蚕：开展养蚕实验，学会做观察记录；2.我会写报告：制作养蚕观察报告，交流和分享养蚕心得；3.我和我的蚕：讲述我和蚕宝宝的故事；4.养蚕总结会：运用思维导图，总结蚕的一生。

这四项内容的设计，充分结合了中高年级学生的身心特点，紧密切合主题"我和春蚕有个约会"而展开。

（一）我们来养蚕：开展养蚕实验，学会做观察记录

学生在家养蚕，学会观察，做好过程记录；能够有所发现，提出问题并解决问题。家长协助学生做好实验过程的拍摄、上传。

首先，教师在课上分发蚕种，布置养蚕实验任务，明确养蚕实验目标：学习并掌握采桑、喂食、清洁等基本养蚕技能；定期观测蚕在生长过程中身体的变化，并做好记录（相关记录表格见表1、表2、表3）；用文字、图画记录和描述蚕的生长变化；在观察中发现问题，进一步观察、研究。

表1　蚕的孵化记录表

日期	气温	蚕卵的变化	我的发现

表2　蚕的生长变化记录表

日期	体长（毫米）	进食情况	排便	活动情况

表3　蚕的蜕皮观察记录表

蜕皮次数	日期	外形变化		蚕蜕皮的过程
		体长（毫米）	颜色	
1				
2				
3				

　　其次，教师在综合实践活动课上，对学生养蚕实验进行铺垫、引导和过程指导。鉴于三年级学生年纪尚小，开展这样的项目活动需要家长的支持和配合，该项目学习单同时面向学生和家长提出相关要求，以期有效地指引家长做好孩子养蚕实验的助手，亲子合作开展探究。

活动目标（家长）：

　　● 记录或拍摄孩子特别突出的表现，及时鼓励、表扬孩子，这是让孩子与蚕宝宝一起成长的很好机会。

　　● 养蚕活动可以培养孩子的探究精神，陪伴孩子进行有目的地，系统、持久地观察和实验，提升其探究能力。

　　● 养蚕活动可以培养孩子珍爱生命的意识。孩子亲身体验蚕的生长、发育、繁殖、死亡的生命历程，可以认识到生命的神奇与伟大。

活动任务（学生）：

　　● 根据蚕的生长周期，用相机、绘画和文字，记录蚕宝宝成长的重要阶段。

小学综合实践活动的
设计与实施
xiaoxue zonghe shijian huodong
de sheji yu shishi

● 收集以蚕为主题的文学作品，了解养蚕文化，体验生命的伟大。

● 阅读"成长与蜕变"主题绘本，如《我也可以飞》《阿立会穿裤子了》等，感悟成长的快乐。

● 了解"丝绸之路"知识，知道养蚕和丝绸在中国古代社会的重要意义。

基础作业（家长）：

上传蚕宝宝成长过程的系列图片，配上文字说明和孩子班级姓名。

拓展作业（学生）：

我在这次活动中知道了什么？发现了什么现象？提出了哪些问题？我是如何解决这些问题的？

（二）我会写报告：制作养蚕观察报告，交流和分享养蚕心得

通过一段时间对"蚕宝宝"的照顾，以及观察记录活动，学生对自己饲养的蚕有了一定的感情。教师引领学生在班级里召开一次展示交流分享

会，展示他们的养蚕观察报告，交流这一段时间发现的蚕的生长、发育和饮食、运动等行为的新变化，以及养蚕的经验和教训，同时说一说在整个观察过程中采用的观察记录方法、饲养方法以及长期观察记录获得的情感体验等。

同学们需侧重养蚕过程中发现的某一个点来进行交流和分享，大家各抒己见：

"我发现蚕身体两边有很多小黑点。"

"我还发现蚕的一生只有短短五十几天。"

"蚕宝宝喜欢干净的环境，所以我们要经常打扫蚕房。"

"我拍摄了蚕吐丝结茧的视频，简直太神奇了！"

"蚕宝宝的健康生长离不开适宜的温度、流通的空气和新鲜的食物。"

（三）我和我的蚕：讲述我和蚕宝宝的故事

学生用直白、稚嫩又朴实的文字记录养蚕收获，声情并茂地向大家讲述"我和蚕宝宝的故事"。

赵明萱说："自从把蚕宝宝带回家，我每天一到家都要去给蚕宝宝喂食。看着蚕从又黑又小长到又白又胖，从吐丝到结茧，我观察了蚕的一生，非常感动。"

王钰鑫说："看着蚕宝宝慢慢地长大，忘不了它的点点滴滴……虽然它长得不漂亮，但我们一家对蚕宝宝的感情很深很深。"

周思辰深有感触地说："在这短短的四十几天里，我经历了养蚕的过程，不仅学到了许多科学知识，也懂得了一个深刻的道理——人的价值在于奉献自己的生命。"

（四）养蚕总结会：运用思维导图，总结蚕的一生

在综合实践活动课上，教师指导学生用思维导图对整个实践活动进行梳理。思维导图图文并茂，可用来训练学生的思维。三年级的学生也很乐意使用这种学习工具和学习方式，而且能够结合自身养蚕经验，对所学知识进行二次创作，形成真正属于自己的知识体系。在养蚕活动总结会上，综合实践教师引导学生借助思维导图这个支架，来创作《蚕的一生》，从学生提交的作品看，学生思路清晰，所设计的思维导图生动、丰富，富有创意。

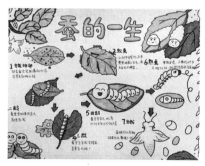 

 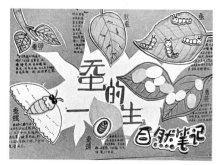

四、活动效果与反思

整个综合实践活动有条不紊地进行，学生能用科学的方法饲养"蚕宝宝"，能用文字和图案记录养蚕观察报告，也能用语言分享养蚕心得，还交流了在实践过程中的情感体验，最后还用思维导图创作了《蚕的一生》。

（一）亲历养蚕过程，提升科学素养

学生是科学学习的主体，学生的认知需要、认知兴趣与多元发展是教学的出发点和落脚点。本课以学生的发展为本，让学习真正发生，让学习有意义地发生。学生亲历了近两个月实实在在的养蚕活动，科学实践活动不仅使他们获得了科学知识，提高了科学探究能力，而且培养了他们的爱心、耐心以及亲近自然、热爱自然、尊重生命的科学态度与责任感，也让他们感悟到生命的神奇，享受到成功的喜悦。

（二）活动的递进性、培养跨学科意识

"我和春蚕有个约会"综合实践活动分为四个活动进行探究和实施，开展养蚕实验，学会做观察记录，再制作养蚕观察报告，交流和分享养蚕心

得。接着讲述和蚕宝宝的故事，最后运用思维导图总结蚕的一生。

这四项内容需要循序渐进地完成，它们具有相关性、实践性和递进性，其中层层推进的进阶性，能有效地引导学生在"实践操作—观察记录—感悟表达—总结交流"中学习与进步，在这"四步骤"的实践活动中，培养学生跨学科和多元化的能力。

（三）活动的延伸性、探究永无止境

养蚕活动虽然结束了，但科学探究永无止境。本实践活动注重引导学生将课内学习与课外探究相结合，引导他们课后继续延伸学习"丝绸之路""缫丝织绸"等方面的知识，进行互动学习和交流，不断发现新问题，勇于探索新问题。让学生学习像科学家一样分析和钻研事物，不断拓展思维过程和方式，促进他们的深度学习，让这一次和春蚕的邂逅变得更有意义和价值。

我是小学生

——小学综合实践活动案例

浦东新区惠南小学　薛冰婷

一、案例概述

从幼儿园升入小学，是孩子人生旅途中的一次重大转折。这个阶段是由具体形象思维到抽象逻辑思维的转变，是从游戏为主向课堂教学为主的转变，教学活动与方式也有了转变，这其中需要一个适应的过程。做好幼小衔接，能够帮助孩子们以更积极从容的精神面貌面对小学生活的到来。

本实践案例围绕着"我是小学生"这一活动主题，学生们结合生活实际，通过"上课我知道，书包里的秘密，我是时间小主人，我是能干的小学生"这四项活动，稳中有进地完成这个探究型活动。这四项活动形式丰富多样，可以有效地引导学生通过感知、体验、交流获得关于小学生活的直接经验，从而培养多元化的能力。通过整个综合实践活动，从内容感知的角度出发，让幼儿主动、自信、快乐地面对小学生活，激发学生入学的兴趣，产生做小学生的自豪感，建立对小学生活的向往，形成要"好好学习、奋发向上"的内在驱动力；从培养能力的角度出发，提高学生的动手能力，锻炼学生的语言表达能力，培养学生良好的行为习惯和生活礼仪，促进学生在身心各方面做好升学准备。

二、活动背景

　　惠南小学大力推进幼儿园与小学的有效衔接，宣传科学的幼小衔接，深入契合教育部"幼小衔接"工作开展的学前教育背景，坚持面向全体学生，从学生的实际出发，积极创造条件。通过丰富多彩的教育活动、教师讲座的普及、日常生活的管理、家长工作的开展等途径促进学生身心发展，培养学习兴趣，提升相关能力。

　　学校进一步梳理和完善了课程资源，结合学生的学情，制定了学习适应期手册，帮助学生积极探索学校生活，了解学校规章制度，促进家校合作。

三、活动过程

　　根据学校综合实践活动的开发与实施目标以及本次综合实践活动的目标，我们拟定了以下四项活动模块：1. 上课我知道：交流小学课堂规则；2. 书包里的秘密：开展整理书包活动；3. 我是时间小主人：学会制定课间 10 分钟计划表；4. 我是能干小学生：分享自己的劳动故事。

　　这四项内容的设计，充分结合了低年级学生的身心特点，并紧密切合主题"做有准备的小学生"而展开，注重促进学生自我认知、自我管理，增强社会适应能力。

（一）上课我知道：交流并制定小学课堂规则

　　做一名小学生从上课开始。首先，我向学生介绍小学课堂的重要性，并提及课堂规则的作用，鼓励学生在新学期中养成良好的学习习惯。其次，我逐一讲解小学课堂的常见规则，如听老师讲话、不随意交头接耳、上课集中注意力等。同时，通过图片、故事或实例来说明规则的重要性和影响。最后，我引导学生共同制定几条班级课堂规则，鼓励他们积极参与讨论，并确保规则简明扼要、易于理解。

　　同学们积极举手发言，交流自己对课堂规则的所思所感：

　　"想回答问题就举手。"

　　"上课不能上厕所，也不能喝水吃东西。"

　　"上课翻书翻页不说话。"

　　同学们集思广益，交流互动制定班级上课规则，并将这些规则熟记于心。

（二）书包里的秘密：开展整理书包活动

"背着书包去上学"是小学生的标志之一。首先，我请学生介绍自己书包的来历、外形等。其次，我向学生展示如何正确地整理书包和学习用品，例如如何摆放书本、文具盒和其他学习工具，最后，让学生动手整理书包和学习用品，进行整理书包比赛，学生积极反馈响应，热情高涨。最后，请他们说说心得体会。

（三）我是时间小主人：学会制定课间 10 分钟计划

课间 10 分钟可以做什么？我和学生围绕"课间 10 分钟"展开讨论，学生纷纷发表自己的见解，讨论得很热烈：

"我会利用课间 10 分钟把作业写完。"

"我可以用来上厕所、接水。"

"十分钟可以用来玩游戏，还可以和好朋友聊聊天。"

如何合理规划自己的课间 10 分钟？通过我的引导，学生纷纷拿起画笔，绘出了自己心中精彩的"课间 10 分钟"。学生根据自己规划的"课间 10 分钟"，与我一起进行了一次"课间 10 分钟"的初体验：多数学生发现时间太短，根本完成不了自己规划的事情。我根据学生的实际操作与情况，鼓励幼儿重新规划。

教师以小组为单位，引导学生展开交流、讨论。

学生首先自我分析："我之前画的几件事情没有办法全部完成，那这次我只选择自己能够在 10 分钟内完成的事情。""我想在 10 分钟里上厕所、喝水、和小朋友聊会儿天，这样等时间到了，我就可以继续上课。""我觉得课间 10 分钟有的时候很长，有的时候又很短……"针对学生提出的问题，我鼓励学生寻找解决问题的方法："课间 10 分钟，规划时要把必须做的事情做完，再根据剩余的时间去做其他的事情。"于是，学生首先选择了上厕所、喝水等必须做的事情，舍弃了一些用时太长、不适合在 10 分钟内玩的游戏。

经过多次实际操作，学生已经能很熟练地安排活动，并顺利地完成。

（四）我是能干的小学生：分享自己的劳动故事

学生分享交流自己的劳动故事，并带来自己在家劳动的照片与大家分享：

"我会在家帮助妈妈洗碗，我洗的碗可干净了，爸爸妈妈都夸我。"

"我会给奶奶的小菜园浇水，浇过水的小苗苗长得可高了。"

小学综合实践活动的
设计与实施 *xiaoxue zonghe shijian huodong
de sheji yu shishi*

"我什么都会做，能自己洗自己的小袜子。"

教师表扬学生爱劳动的好品质，同时提问学生能为班集体做哪些劳动：

"我会拖地，可以帮老师打扫教室卫生。"

"我什么都会擦，而且擦得很干净。"

"我会照顾植物，给他们浇水。"

学生在活动后，纷纷付诸行动，做起了小小值日生。

四、活动效果与反思

（一）增强了学生的主体地位

 幼小衔接的重点在于培养幼儿良好的行为习惯，孩子们在亲身体验中自主积累经验，熟悉小学生活的节奏，完成了从害怕上小学到对小学感兴趣再到渴望当一名小学生的心态转变。他们还意识到合理规划时间的重要性，提高了生活自理能力，增强了自我管理能力，时间意识、任务意识，养成了良好的生活习惯和行为习惯。同时，在发现问题、解决问题的过程中形成了积极主动、认真专注、不怕苦难、敢于尝试和研究等良好学习品质，这些都将成为他们的宝贵财富，帮助他们顺利开启愉快的小学生活，成为一名优秀的小学生。

（二）促进了家校的合作共育

 幼小衔接不只是幼儿园和小学的事情，家庭和社会各方面因素都对其产生影响。其中家长的作用尤其不能忽视。儿童的生活行为习惯、自理能力、身体素质、学习态度和能力以及社会适应力等都离不开家长态度的影响。因此，教师应重视做好家长的工作，向家长积极宣传教育方针和正确的衔接措施，帮助家长学习掌握科学的教育方法，使家长和教师同步对儿童进行衔接教育，保证衔接工作的顺利进行。

　　教师是教育的实施者，教师的专业素养、教育方法直接影响教育的效果。在活动中要具有科学的儿童观和教育观，学会放手，善于观察，捕捉教育契机，更好地支持孩子的发展，为孩子提供锻炼的机会，关注每个孩子，科学、有序地组织各项活动，为孩子入学做好全面的准备。

小豆芽成长记

——小学综合实践活动案例

浦东新区惠南小学　陆思沁

一、案例概述

　　综合实践活动课程作为一种新的课程形态，以活动为主要形式，强调学生的亲身经历，要求学生积极参与到各项活动中去，在"做""考察""实验""探究""体验"等一系列活动中发现和解决问题，体验和感受生活，培养创新精神和实践能力。本次活动作为"慧谷农场"的主题项目之一，围绕"小豆芽成长记"，让学生在亲身经历中探索不同条件对豆芽成长的影响。考察探究综合实践活动的核心是激发学生探究兴趣、体验探究过程，发展初步的探究能力。本实践案例围绕着"小豆芽成长记"这一活动主题，将学生分成四组，通过制定计划、交流方案、实践操作并观察记录、总结反思这四个模块，在四类不同条件下探究绿豆的发芽生长情况。通过整个综合实践活动的实施，从内容感知的角度出发，让学生发现不同条件对绿豆发芽的影响情况。从培养能力的角度出发，提高学生处理信息的能力、小组合作的能力和动手实践操作的能力，培养学生的合作意识，培养自主探究的意识与创新能力。

二、活动背景

　　惠南小学"慧谷农场"综合实践活动依据五个年级学生的身心发展特点，设计了 10 个小主题，以"慧谷农场"为实践基地，充分结合校本和家庭、社会资源，开展丰富多样的综合实践活动，培养核心素养，让学生收获成长的幸福，实现树德、增智、强体、尚美、育德的目标。

三、活动过程

根据学校综合实践活动的开发与实施目标以及本次综合实践活动的目标，我拟定了以下四项活动模块：1.确立主题，制定计划方案；2.交流方案，完善方案；3.运用材料在不同条件下培育绿豆，观察并记录绿豆生长情况；4.总结反思。这四个模块的设计，充分结合了高年级学生的身心特点，并紧密切合主题"小豆芽成长记"而展开，培养学生的思维品质与关键能力。

（1）好的开端是成功的一半：小组制定计划，明确分工，培养合作意识

好的开端是成功的一半。在整个综合实践活动伊始，以小组为单位合作制定方案计划是关键所在。首先在教师的引导下，学生整体感知本次活动的主题，让学生初步了解并谈谈自己的想法，猜测哪些条件会影响绿豆的发芽情况。具体步骤如下：1.全班进行分组，确定组长；2.各小组确立探究条件；3.确定实施步骤和方案；4.明确探究所需材料；5.各组员明确分工。

（2）交流计划，提出修改意见，完善方案

在确定小豆芽成长的探究条件后，各组派代表上台进行展示交流。其他同学仔细聆听并思考，也可提出修改意见。同学们在交流环节需要思路清晰，代表自己小组将探究的方案进行交流。其他聆听的同学也要开动敏捷的

思维力，针对不同的主题方案，有序评价，提出有质量的改善意见。整个活动以学生的发言、交流评价、讨论和修改为主，让学生在活动中学会正确表达、平等交流、科学评价、大胆质疑与提意见，从而提高思辨、质疑与表达的能力。

（3）探究在不同条件下绿豆的发芽情况，观察并记录

学生分为以下四组进行绿豆的培育，第一组是土培和水培，第二组是浇水量，第三组是温度，第四组是是否避光。组长给每位组员分配好任务，组员按分配好的任务进行探究活动。活动开始前，先将绿豆浸泡一晚，活动开始后每天早晚进行绿豆的浇水、松土等活动，及时记录下绿豆的生长发芽情况。在探究不同条件下绿豆的生长情况的过程中，引导学生积极讨论，组织学生与同伴交流、记录自己的发现。鼓励他们清晰、有条理地表达自己的想法，不断促进学生探索意识的形成。教师给予学生充分的支持和鼓励，让学生在豆芽活动中敢于表达自己的想法、经验，创设一个让学生愿意说、敢说的探究氛围。

（4）总结本次活动并进行反思，感悟收获的快乐

在本次综合实践活动的最后，学生对比观察自己小组的观察记录表格，交流讨论不同条件对绿豆生长情况的影响。有的小组将自己的观察结果绘制

成了小报，还有的小组根据观察结果完成了一份研究报告。绿豆的培育不是一帆风顺的，在学生自主学习探索中，难免会出错、失败。学生的出错、失败，反而是一次很好的学习契机。绿豆没有培育成功，学生会共同讨论，不断积累经验，进行反思，调整自己的行为，不断构建自己的认知结构。绿豆发芽的过程就是一个不断出现问题又不断解决问题的过程，这是观看图片、视频和文字无法获得的经验知识，也是考察探究综合实践活动的根本目的。整个综合实践活动有条不紊地进行，学生能有序地进行分组探究，持之以恒地观察记录，最后也得到了发芽的绿豆，体会到了耕耘的快乐和收获的乐趣。

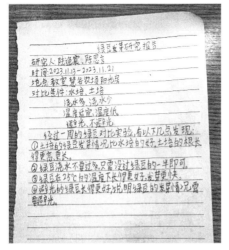

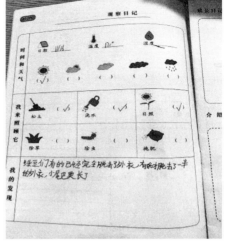

小学综合实践活动的
设计与实施 xiaoxue zonghe shijian huodong
de sheji yu shishi

四、活动效果与反思

（一）按照计划，稳步实施

整个综合实践活动有条不紊地进行，学生能用自己的方法搜集和筛选资料，按照步骤和分工进行绿豆的种植和观察记录，最后反馈小结观察情况，还交流了在活动过程中的感想。

学生经历绿豆发芽的完整过程后，通过不同条件的对比，引导学生思考哪些条件是对绿豆发芽有利的，培养学生的科学思维和探索精神。

（二）发现问题，解决问题

整个活动中，教师要站在学生的需要和学生可持续发展的高度上来开展，引导学生善于观察并思考，注重运用所学的知识，解决实际问题。学生的自主选择和主动实践是关键，教师的作用是有效的指导，要大胆地让学生去闯，失败了也是一种体验、一种收获，要让学生在实践活动中，体验科学态度和科学规范，体现与人合作和分享成果的乐趣。

（三）多元活动，提升能力

考察探究型综合实践活动也强调多元价值取向和多元标准，不仅允许学生对问题的解决可以有不同的方案，而且表现的形式也可以丰富多样，综合实践活动的评价重视学生的活动过程而不在于结论。它是以形成性、发展性的评价为主，注重学生主体参与实践的过程及在这一过程中所表现出来的积极性、合作性、操作能力和创新意识。通过本次小豆芽成长记综合实践活动，学生的综合能力得到了大幅提升。

Hui 美校园，我 Hui 添彩

——小学综合实践活动案例

浦东新区惠南小学　陈慈恩

一、案例概述

　　学校是学生成长的重要场所，它不仅仅是一个场所的含义，更有着育人的内涵。本实践案例围绕着学校"15 分钟幸福圈"这一活动主题，结合校训"惠人惠己，成人成才"，以校园为活动实施主场地，开展主题为"Hui 美校园，我 Hui 添彩"的系列综合实践活动。

　　本主题活动采用项目化学习的方式，主要通过"了解项目、制定计划，小组分工、开展活动，整理成果、交流评价"这三个模块来完成。通过一系列具有相关性、实践性和递进性的综合实践活动，层层推进学生对校园文化的认识——理解——认同——融入，丰富学生的课后服务时间，在有限的课后服务时间里，令学生感受校园环境的丰富多彩，体验校园生活的无限精彩，领悟生命成长的夺目光彩，激发学生对学校的热爱，对生命的热爱。与此同时，逐步培养处理信息的能力、小组合作的能力和动手实践操作的能力，从而使学生形成合作意识，培养自主探究的意识与创新能力。

二、活动背景

　　新课程标准指出"职业体验是落实活动型学科课程、引导学生'迈入社会实践活动的大课堂'的重要抓手"。职业体验是综合实践活动课程实施的

小学综合实践活动的
设计与实施 xiaoxue zonghe shijian huodong
de sheji yu shishi

四大方式之一。它提倡让学生在模拟真实情景，或者真实的工作环境中，去认识自己的职业角色，发掘自己的兴趣和特长，培养自己的劳动理念和生活目标，从而提高自己的生涯规划能力。

然而，目前我国中小学对职业体验的重视程度较低、职业体验的形式较为单一、学生缺乏职业意识等问题都导致学生目前的职业体验不足。此外，我校课后服务是能够达到绝大部分教师和大多数家长的认可的。但据调查，目前学生一天在校学习活动时间近 9 小时，学生活动多是家校两点一线，缺少接触社会的学习实践机会。对此，学校、家庭和社会都应该积极地推进综合实践活动，让学生们更加充实自己的社会认识，扩大自己的知识眼界。

通过"Hui 美校园，我 Hui 添彩"的实践活动，找到一种适合学生自主学习的方式，培养学生处理信息的能力、小组合作的能力和动手实践操作的能力，让学生在这段时间内更好地发挥自己的潜力，更客观地认识自我，形成积极向上的劳动观念，发展自己的职业志向和职业动力，进一步提升自己的综合实践能力和职业生涯规划能力，不断探索和调整，更好地自我成长。

三、活动过程

根据学校综合活动课程的开发以及本次综合实践活动的目标，我们拟定了以下三项活动模块：1. 了解项目，制定计划；2. 小组分工，开展活动；3. 整理成果，交流评价。这三个模块的设计，充分结合了学生的身心特点，紧密切合主题"Hui 美校园，我 Hui 添彩"而展开，注重学生活动主体性，强调学生活动实践性，促进学生活动的协作性。

（一）明确活动主题，体会项目乐趣：小组了解项目，制定计划

首先，在教师的引导下，利用课后服务时间带领学生参观校园，让学生初步了解"Hui 美校园，我 Hui 添彩"的主题，交流对该主题的想法与见解。参观过程中，学生采访教师，了解校园场所的名称或由来等，做好采访记录。参观后，利用学校机房登录校园网，查阅相关资料，完善相关信息。

随后，进行第一个关键任务：绘制校园平面图。具体步骤如下：1. 整理相关资料；2. 学习旧的校园平面图，了解平面图的要素（强调位置和场所名称的正确）；3. 小组合作完成校园平面图；4. 进行适当美化。再进行第二个关键任务：制定计划。1. 根据自己的喜好选择活动内容；2. 进行分组，确定组

长，取组名，完成《活动内容分类表》的填写。

通过参观美丽校园，发现学校随处可见的美，培养学生的观察能力。"制定计划"这一任务结合了学生的年龄特点、兴趣爱好，还锻炼了他们的组织沟通能力和逻辑思维能力。许多学生已经具有了一定的领导能力，他们在团队合作中扮演着重要的角色，能让每个学生都能参与进来、完成任务，加强了团队的合作和凝聚力。

（二）重视活动过程，体验活动内容：交流计划，提出修改建议，完善方案

在确定并落实了方案计划后，分小组介绍各自的设计方案。各组派一名代表陈述小组设计方案，能用简练明了的语言将主题内容、写生风格等重点介绍清楚，同组组员也可以适时补充。

其他同学认真聆听、仔细思考，可与组员轻声讨论，对发言小组进行评价（填写评价表）。方案介绍完后，其他小组成员进行评价，大胆提出修改完善的意见。上台的小组虚心收集意见，切合实际情况，记录其他小组成员提出的建议和意见。经全体成员的讨论，修改和完善自己的设计方案。

交流的过程中，学生有明确的思路，并以自己的小组为单位向大家进行汇报。其他学生也要开动脑筋，对其进行恰当评价，提供针对性的改进意见。教师要充分引导学生进行交流、发言、评价、讨论和修改，要让学生在这个过程中学习怎样表达自己的想法，进而提高他们的表达能力与思辨能力，经历真实的探究、实践过程，获取真实经验。

（三）开展活动展评，反馈小组成果：实践写生，合作种植

本任务主要是各组按照修改完善后的设计方案，严格按照分工，协作完成 Hui 美校园写生手册。各组根据各自写生风格，准备材料，在课后服务时间段，在专业教师的指导下开展写生。组长起到协调、安排材料准备的分工、人员的调动。

学生在执行计划时，能做到有条理、有纪律。并能在此过程中沟通、交流写生时的心得。比如说自己为什么会选择这么画的原因，又或是写生过程中自己遇到的问题，以及这些问题是如何解决的等等。学生在动脑思考、动口交流和动手实践中不仅提高了自己的综合素质，而且还运用已有的知识和经验尝试解决问题，增强了他们解决问题的能力。

然后，学生请信息老师协助，学会使用扫描仪，扫描写生成果与之前设

小学综合实践活动的
设计与实施 xiaoxue zonghe shijian huodong
de sheji yu shishi

计的校园平面图。结合信息技术，将写生成果放入校园平面图中，如三杏庭旁插入三杏庭的写生画，将平面图进行美化，各组之间进行小组互评，教师总结评价。

最后，在教师的引导下，进一步深入推进本次主题活动。在课后服务期间利用学校机房查询资料，了解各类植物的花语。分小组确定种植的植物与种植地点，并结合自己班级的中队名，决定合适的班级植物和种植地点，进行为期4周的植物生长观察与记录，合作完成植物卡。在为期4周的时间里，学生可以通过文字记录在相应的表格内，也可以采用文字与图画的形式，记录下植物的生长天数与情况，再画出它们的模样。学生也可以通过拍照等多种方式记录植物的显著变化和出现的问题等。在这个过程中，通过图像学生也能每天看到植物小小的变化。4周后，以小组为单位反馈植物生长观察情况，再有效摘取植物叶片或花朵，学做植物标本，回顾种植活动的过程和成果，发表感悟。

学生在栽种时有秩序、有纪律，能小声交谈、探讨。在团队中，大家都能很好地协同工作。这一活动还需要观察记录，学生要按照老师给的表格，将这些植物的生长时间和状态都记录下来。在这一过程中，同学们能看见每一天植物的细微改变，获取了更多的信息、经验，也培养了学生细心的观察能力。

四、活动效果与反思

整个综合实践活动有条不紊地进行，学生能用自己的方法搜集和筛选资料，能用简洁的语言汇报方案，按照步骤和分工进行合作，还交流了在实施过程中的感想，最后还总结学习的方法，发表心得感悟，有了不一样的职业体验。

（一）我是小小风景画师

学生通过在课后服务时间段，在专业教师的指导下开展写生校园风景活动，小组协作完成 Hui 美校园写生手册。正所谓"一草一木皆含诗意，一墙一瓦皆为美景"，校园是我们成长的摇篮，是我们梦想启航的地方。学生选择校园中的某处场景进行仔细观察，运用不同艺术形式去表现校园的风景，在专业老师指导下掌握不同工具材料的使用方法，创作出校园风景的写生作品，记录下自己的写生内容与心得，再与同学交流、分享。学生能在感受校园风景魅力的同时，体会到写生的快乐，并对风景画师这一职业有初步的实践体验和更深层次的认识、理解。

（二）我是小小园艺师

学生在课后服务期间，利用学校机房查询资料了解各类植物的花语，为选择将要种植的植物做准备。接着各小组确定好种植的植物与种植地点，查询并收集种植的方法、植物的喜好等资料，完成《植物卡信息收集表》。之后按照计划与分工，利用课后服务时间，在教师的指导下实践种植，记录植物变化，完成《种植观察记录表》。最后一起反馈植物生长情况，发表心得。在此过程中，学生通过体验"园艺师"这个职业，知道园艺师需要具备丰富的园艺知识、审美能力和实践经验，承担着打造城市绿色空间的重任。在体验过程中，能培养学生的耐心与细心，有利于激发他们对大自然的热爱之情。

"Hui 美校园，我 Hui 添彩"综合实践活动在潜移默化中培养了孩子们的综合实践能力和职业生涯规划能力，更增强了他们的探究意识和创新能力，增进了核心素养。

后　记

　　《义务教育课程方案（2022年版）》在"培养目标"部分提出要在"增强综合素质上下功夫"，把"加强课程综合，注重关联"作为基本原则，要求"统筹设计综合课程和跨学科主题学习……开展跨学科主题教学，强化课程协同育人功能"，并进一步强调"综合实践活动侧重跨学科研究性学习"。为此，我校结合自身特点，立足时代要求，顺应教改需求，坚持立德树人，坚持课程育人，自2023年起尝试开展了"慧声绘色"综合实践活动探索，开发主题式校本综合实践课程。

　　回顾这一年多来的探索历程，我校综合实践活动核心成员，围绕"慧声绘色"这个主题，开展了丰富多彩的主题实践活动，实现了从"量"到"质"的转变，由"浅"入"深"，循序渐进，初步形成了一系列研究成果。

　　在这里，我首先要感谢所有参与的小伙伴们，我们怀着共同的志愿，共同的目标，大家一起磨课，一起讨论，一起研究，一起成长！我们收获的不仅仅是满满的研究成果，更收获了团队的温暖和满满的幸福！

　　我要感谢浦东教育发展研究院杨海燕老师。杨老师既是我们的专家，也是我们的好朋友，一直陪伴在我们的左右，给予我们关心、支持和鼓励，每当我们碰到困难时，她总是给予精心、专业的教科研指导。

　　我还要感谢浦东教育发展研究院陈久华副主任多次莅临我校指导，帮助我们明确了实践研究目标，更为我们搭建了很多市、区级平台，让老师们都能有机会展示自我！

　　最后，还要特别感谢我的导师"时代楷模"吴蓉瑾校长，在百忙之中抽出时间为本书写序，并为我们今后的研究方向提出了中肯的建议和要求！

  《小学综合实践活动的设计与实施》这本书，记载了我校全体教师这一年来开发综合实践活动校本化实施的一些思考及研究路径，也收入了部分实施方案、活动设计、活动案例等研究成果，希望能够为广大老师提供一些资源和参考。

  本人水平有限，书中定有很多不足之处，恳请广大读者提出意见和建议，谢谢！

编者

2024 年 4 月 15 日

图书在版编目（CIP）数据

小学综合实践活动的设计与实施 / 张琴琴编著 . —
上海：文汇出版社，2024.5
ISBN 978–7–5496–4267–0

Ⅰ . ①小… Ⅱ . ①张… Ⅲ . ①活动课程−教学设计−
小学　Ⅳ . ① G622.3

中国国家版本馆 CIP 数据核字（2024）第 102429 号

小学综合实践活动的设计与实施

编　　著 / 张琴琴
责任编辑 / 甘　棠
装帧设计 / 薛　冰

出版发行 / 文匯出版社
　　　　　上海市威海路 755 号
　　　　　（邮政编码 200041）
经　　销 / 全国新华书店
印刷装订 / 上海新文印刷厂有限公司
版　　次 / 2024 年 5 月第 1 版
印　　次 / 2024 年 5 月第 1 次印刷
开　　本 / 720×1000　1/16
字　　数 / 270 千字
印　　张 / 16

书　　号 / ISBN 978–7–5496–4267–0
定　　价　70.00 元